U0899107

帝师教科书

張居正直解《论语》《大学》《中庸》（下）

[明]张居正◎著

SH
中国言实出版社

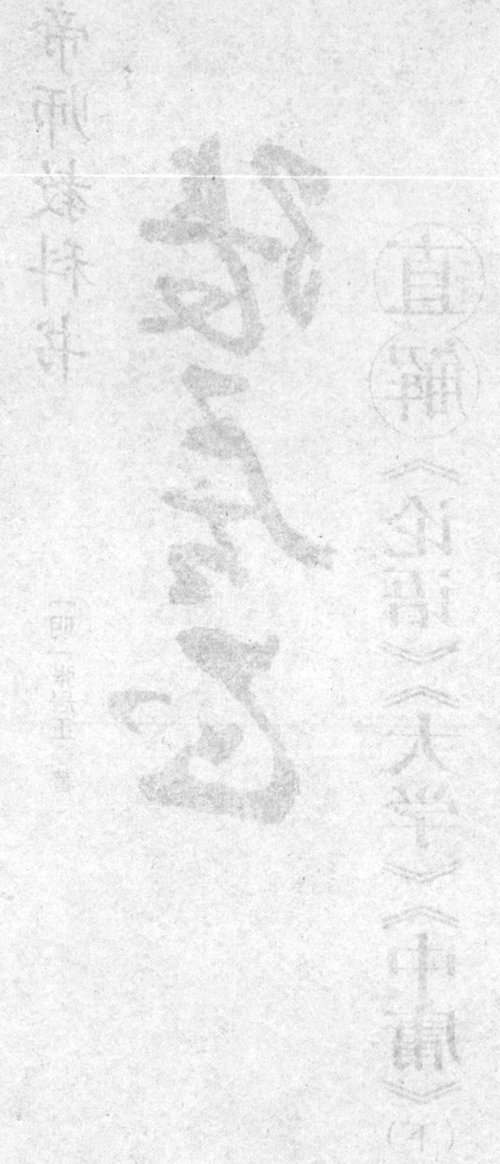

宪问第十四

【原文】

宪问耻。子曰："邦有道，谷；邦无道，谷，耻也。""克、伐、怨、欲不行焉，可以为仁矣？"子曰："可以为难矣，仁则吾不知也。"

张居正直解

宪，是孔子弟子，姓原，名宪。耻，是愧耻。谷，是居官的俸禄。原宪问孔子说："人不可以无耻。不知何者为可耻之事？"孔子告之说："人之可耻者，莫过于无能而苟禄。如邦家有道，明君在上，言听计从，正君子有为之时也，乃不能有所建明，只空吃着俸禄。至若邦家无道，上无明君，言不听而计不从，虽卷而怀之可也，乃犹觍颜居位，只空吃着俸禄。夫君子居其位，则必尽其职，称其职，乃可食其禄。今世治而不能有为，世乱而不能引退，乃徒窃位以素餐，贪得而苟禄，则其志行之卑陋甚矣，人之可耻，孰大于是乎？"按，原宪为人狷介，其于邦无道，谷之可耻，盖已知之，至于际时行道，或短于设施之才，故夫子兼举以告之，乃因其所已能，而勉其所未至也。

原宪又问说：“人心至虚，物欲蔽之。好胜者谓之克，自矜者谓之伐，忿恨者谓之怨，贪求者谓之欲，有一于此，皆为心累。若能于此四者，皆制之而不行焉，则人欲既遏，天理自存，斯可以为仁矣？”孔子说：“克、伐、怨、欲，皆人情之易动者。今能制之而不行，是其力足以胜私，刚足以克欲，斯亦可以为难矣。若遂以为仁，则吾不知也。”盖仁者纯乎天理，自无四者之累。今但曰不行，则不过强制其情，暂时不发而已。譬之草根不除，终当复生；火种未灭，终当复燃。倘操持少懈，宁无潜滋暗长，而不自觉者乎？是未可便谓之仁也。要之原宪之问，徒知制其流。夫子之答，是欲澄其源。惟能致力于本源，则天理渐以浑全，私欲自然退听矣，此求仁者所当知也。

【原文】

子曰：“士而怀居，不足以为士矣。”

张居正直解

怀，是思念。居，是意所便安处。孔子说：“士志于道，则居无求安，为其所志者大，不暇为燕安计也。苟于意所便安处，即恋恋不能舍，或怀于宫室器用之美，或怀于声色货利之私。则心为形役，而志以物损，处富贵则必淫，处贫贱则必移，其卑陋甚矣，恶足以为士乎？”

【原文】

子曰：“邦有道，危言危行；邦无道，危行言孙。”

张居正直解

危，是高峻的意思。孙，是卑顺的意思。孔子说：“君子处世，其言行固当一出于正，不可少贬以徇人，然也看时势何如。如君明臣良，公道大行，此邦家有道之时也。则当高峻其言，明是非，辨邪正，而侃然正论之不屈，高峻其行，慎取与，洁去就，而挺然劲气之不回。盖道与时合，无所顾忌，故言行俱高而无害也。若夫君骄臣谄，公道不明，此邦家无道之时也，当此之时，其行固当仍旧高峻，不可少屈以失己之常，言则不妨于卑顺，不可太直以取人之祸。盖道与时违，不得不为此委曲以避害耳。”此可见行无时而不危，君子守身之节也；言有时而可孙，君子保身之智也，然有国者而使人孙言以苟容，岂国之福也哉！

【原文】

子曰：“有德者必有言，有言者不必有德。仁者必有勇，勇者不必有仁。”

张居正直解

孔子说：“人有存诸中的是根本，有发诸外的是枝叶。即其所存，固可以知其所发，据其所发，则未可信其所存。如行道而有得于心者谓之德。有德者虽不尚夫言，然和顺积中，而英华发外，敷之议论，必然顺理成章而可听，是言乃德之符也，若夫有言者则未必其有德，盖言一也，有君子之言，有色庄之言，若但听其言而取之，则君子色庄，何从而辨别之乎？故未可遽信其为有德也。心德浑全之谓仁，仁者虽不期于勇，然心无私曲，则正气常伸，其临事之际，自然见义必为而有勇，是勇乃仁之发也。若夫有勇者，则未必有仁，盖勇一也，有义理之勇，有血气之勇，若但从其勇而观之，则义理血气何从而辨别之乎？故未可遽信其有仁也，”此可见，德可以兼言，言不可以兼德，仁可以兼勇，勇不可以兼仁。自修者固当知所以务本，而观人者亦乌可徒取其末哉。

【原文】

南宫适问于孔子曰："羿善射，奡荡舟，俱不得其死然。禹稷躬稼而有天下。"夫子不答。南宫适出。子曰："君子哉若人！尚德哉若人！"

张居正直解

南宫适，即南容。羿，是有穷国之君。奡，是羿臣寒浞之子。荡舟，是陆地行舟。南宫适问于孔子说："羿善于射，奡能陆地行舟，以力言之，天下无有能过之者矣。然一则为其臣寒浞所杀，一则为夏后少康所诛，皆不得正命而死。禹平水土，稷播百谷，身亲稼穑之事，以势言之，亦甚微矣。然禹则亲受舜禅而有天下，稷之后，至周武王亦有天下。夫以强，则羿奡之亡也如彼；以弱，则禹稷之兴也如此。其得失之故，果安在哉。"南宫适之问，托意甚深，且或有感而发。夫子于此，盖有难于言者，故默然不答，但俟其既出而叹美之说道："自世俗尚力而不尚德，此君子所以不可见，而知德者鲜也。今观适之所言，进禹稷而退羿奡，贵道德而贱权力，则其人品之高，心术之正，可知矣。君子哉其此人乎，尚德哉其此人乎。"再言以赞美之，盖深有味乎其言，且以寓慨世之意也。

【原文】

子曰："君子而不仁者有矣夫，未有小人而仁者也。"

张居正直解

孔子说："仁者，心之德。心存则仁存，心放则仁失。然存之甚难，失之却易。如君子之心纯乎天理，固宜无不仁也。然毫忽之间心不在焉，则人欲有时而窃发，天理有时而间断，间断即非仁矣。所以君子而不仁者尚有之也。若夫小人，则放僻邪侈之心滋，行险侥幸之机熟，纵有天理萌动之时，亦不胜其物欲攻取之累矣，岂有小人而仁者哉。”夫人而不仁，不可以为人，则小人固当为戒。然以君子而尚有不仁焉，则操存省察之功，盖不可一时而少懈矣。

【原文】

子曰：“爱之，能勿劳乎？忠焉，能勿诲乎？”

张居正直解

劳，是劳苦之事。诲，是规谏之言。孔子说：“天下有甚切之情，则有必至之事。父母之于子，有以姑息为爱而骄之者矣。骄则将纵其为恶以取祸败，此乃所以害之，非所以爱之也。若慈亲之于子也，爱之也切，则其为虑也远。或苦其心志，或劳其筋骨，禁其骄奢淫佚之为，而责之以忧勤惕厉之事。盖其心诚望之以为圣为贤，故自不肯以姑息豢养而误之。是劳之者，正所以成其爱，爱之能勿劳乎？臣之于君，有以承顺为忠，而谀之者矣。谀则将陷君于有过，以致覆亡，此乃所以戕之，非所以忠之也。若忠臣之事君也，其敬之也至，则其为谋也周。或陈说古今，或讥评时事，不避夫拂意犯颜之罪，而务竭其纳诲辅德之忱。盖其心诚望其君以为尧为舜，故自不忍以缄默取容事之。是诲之者，正所以忠之也，忠焉能勿诲乎？”夫知爱之必劳，则为子者不可以惮劳，惮劳，非所以自爱也。知忠之必诲，则为君者不可以拒诲，拒诲，非所以劝忠也。君臣父子之间，贵乎各尽其道而已。

【原文】

子曰：“为命，裨谌草创之，世叔讨论之，行人子羽修饰之，东里子产润色之。”

张居正直解

命，是词命。裨谌、世叔、子羽、子产，都是郑大夫。草创，是造为草稿。讨，是寻究。论，是讲论。行人，是奉使的官。修饰，是增损其词。东里，是子产所居之地。润色，是加以文采。孔子说：“郑以小国，而介乎晋楚大国之间，其势甚危。然能内抚百姓，外和诸侯，使国家安宁，而强大莫之敢侵者，则以贤才众多，而用之又各当其任故也。试举一事言之。如词命，乃有国之要务，况以小国之事大国，全赖以讲信修睦，解纷息争，则尤其要者。郑国之为词命也，以裨谌善谋，则使之创为草稿，而立其大意；然一人之识见未可以遽定也，世叔博通典故，则使之寻求故事，而以义理论断之；然虽经评驳，未必多寡适中也，又使行人子羽修饰之，而加以笔削焉；然虽经裁割，未必词藻可观也，又使东里子产润色之，而加以文采焉。一词命而成于四贤之手，此所以详审精密，而应对诸侯，鲜有败事也。”即词命一事，而其他可知矣。众贤毕集而各效其长，郑之能国也宜哉。然四子之贤，亦自有不可及者。观其同心共济，略无猜嫌，此不以为矜所长，彼不以为形所短，仿佛虞廷师师相让之风，非同有体国之诚意，忘己之公心者，其能若是乎？真可为人臣事君之法矣。

【原文】

或问子产。子曰：“惠人也。”问子西。曰：“彼哉！彼哉！”

问管仲。曰："人也。夺伯氏骈邑三百，饭疏食，没齿无怨言。"

张居正直解

子产，是郑大夫，名公孙侨，执郑国之政二十余年，当时以为贤，故或人问于孔子说："子产之为人何如？"孔子说："子产听郑国之政，德泽浃洽于国人，乃惠爱之人也。"按，子产为相，政尚威严，芟除强梗，又铸刑书以禁民之非，其迹近于寡恩。然其心切于爱民，修法度而使人知所守，严禁令而使人不陷于罪辟。三年之后，国人皆歌颂之，终子产之身，郑国大治强于诸侯，盖其实爱之及于民者深矣，故孔子以"惠人"称之。及子产死，孔子又为之垂涕曰："古之遗爱也。"

子西，是楚平王之庶长子，名申。平王卒，令尹子常以其贤，欲立之，子西不许，竟立嫡长子壬为王，又能改修其政，以定楚国，当时称之，故或人又问说："子西之为人何如？"孔子无所可否，但应之说："彼哉！彼哉！"外之之辞也。按，楚僭称王号，凭陵周室。孔子做《春秋》，嘉桓文之功，贬楚之王号，而称子，盖以夷礼外之，子西虽贤，不过僭窃之臣耳，故曰"彼哉！彼哉！"者，盖置贤否于不足论也。

管仲，是齐大夫管夷吾，相桓公霸诸侯，一匡天下。人也，是说此人也。伯氏，亦齐大夫。骈，是伯氏所封之邑，有三百户，盖大邑也。疏食，是粗饭。没齿，是终身。或人又问："管仲之为人何如？"孔子说："此人也其功足以服人者也。昔齐大夫伯氏有罪，桓公夺其所封之骈邑三百户，以封管仲。伯氏后来穷约，饭食粗饭，以至终身，曾无怨言。夫夺人之有，人之所不堪也；夺之而致其穷约终身，尤人之所不堪也。乃伯氏安焉终不以为怨，苟非有以深服其心，岂能如此。观此而管仲之功可知矣，是则管仲之为人也。”按，子产、子西、管仲三人，皆春秋之名臣，然当时议论犹有未定，子产以法严而掩其德爱，管仲以器小而昧其大功，子西以能让千乘之国，而盗一时之名，非夫子一言以定其人品，则万世之公论几不白矣。此人之所以为难知，而论人者当以圣言为准也。

【原文】

子曰：“贫而无怨，难；富而无骄，易。”

张居正直解

孔子说：“贫者多怨尤之心，富者多骄肆之失，此乃人情之常。若处贫而能安于义命，无所怨尤，斯善处贫者也。处富而能收敛谦抑，不为骄肆，斯善处富者也。然贫为逆境，非心无愧怍，而真有所得者，必不堪其忧，故贫而无怨，实乃人之所难。富为顺境，但稍知义理，而守其常分者，便可以自制，故富而无骄，犹为人之所易。知无怨之难，则人固当勉其难；知无骄之易，则人又岂可忽其易哉。”

【原文】

子曰：“孟公绰为赵魏老则优，不可以为滕薛大夫。”

张居正直解

孟公绰，是鲁大夫。赵、魏，都是晋之世卿，最称大家者也。老，是家臣之长。优，是有余。滕、薛，都是小国。大夫，是任国政之官。孔子说：“人之材器，各有所宜，用人者，必当因材而器使之。如孟公绰为人廉静寡欲，而才干则短，本宜于简，而不宜于繁者也。若使他做家臣之长，就是赵、魏之大家，他也为之而有余。何也？家老之职，惟在端谨以领率群僚而已，公绰之廉静寡欲，固自优于此也。若使他做大夫，就是滕、薛小国，亦所不可。何也？大夫任一国之政，非有理繁治剧之才者不能，公绰短于才，则固不足以办此矣。夫一孟公绰也，以为家老，则赵、魏且优，况小于赵、魏者乎？以为大夫，则滕、薛且不可，况大于滕、薛者乎？”可见人各有能有不能，任当其才，皆可以奏功；用违其器，适足以偾事。图治者，可不知人而善任之哉？

【原文】

子路问成人。子曰：“若臧武仲之知，公绰之不欲，卞庄子之勇，冉求之艺，文之以礼乐，亦可以为成人矣。”曰：“今之成人者何必然？见利思义，见危授命，久要不忘平生之言，亦可以为成人矣。”

张居正直解

成人，是完全成就的人。臧武仲，是鲁大夫，名纥。公绰，即前章孟公绰。不欲，是廉洁无欲。卞庄子，是卞邑大夫，力能刺虎。冉求，是孔子门人冉有。艺，是多才能。子路问于孔子说：“人以一身参于三才，必何如然后可以为全人，而立于天地之间乎？”孔子说：“人之资禀，庸常者多，高明者少，或虽有高明之资，而不学不知道，往往蔽于气禀之疵，而局于偏长之目，此世所以无全人也。若似臧武仲之智识精明、孟公绰之廉静寡欲、卞庄子之勇敢有为、冉求之多才多艺，其资禀才性固已有大过人者矣。又能各就其所长者，而节之以礼，去其过中失正之病，和之以东，消其气禀驳杂之疵。则智足以穷理，而不流于苛察；廉足以养心，而不失于矫厉；勇足以力行，而不蔽于血气；艺足以泛应，而不伤于便巧，譬之美玉而又加之以砻琢，良金而又益之以磨炼，斯可以为成人矣。”惜乎四子之未能也，盖子路忠信勇敢，有兼人之才，所少者学问之功耳，故夫子以此勉之。

曰字，还是孔子说。危，是危难。授命，是舍了性命。久要，是旧约。平生，是平日。孔子既答子路之问，又说道：“吾所谓成人者，自人道之备者言之也。若夫今之所谓成人者，亦何必如此？但能见利思义，而临财无苟得；见危授命，而临难无苟免；与人有约，虽经历岁月之久，而亦不忘其平日之言。有是忠信之实如此，则虽才智礼乐有所未备，而大本不亏，亦可以为成人矣。”此又因子路之所可能者，而告之也。

【原文】

子问公叔文子于公明贾曰：“信乎？夫子不言，不笑，不取乎？”公明贾对曰：“以告者过也。夫子时然后言，人不厌其言；乐然后笑，人不厌其笑；义然后取，人不厌其取。”子曰：“其然？岂其然乎？”

张居正直解

公叔文子，是卫大夫公孙拔。公明贾，是卫人。厌，是苦其多而恶之的意思。昔卫大夫公叔文子是个简默廉洁的人，故当时以不言不笑不取称之。夫子闻而疑焉，乃问于卫人公明贾说：“人说汝夫子平日，通不说话，不喜笑，又一毫无取于人，信有之乎？”公明贾对说：“言、笑、取、予，乃吾人处己接物之当，岂有全然不言不笑不取者？此殆言者之过也。盖多言的人，则人厌其言，吾夫子非不言也，但时可以言而后言，言不妄发，发必当理，是以人不厌其言，而遂谓之不言也。苟笑的人，则人厌其笑，吾夫子非不笑也，但乐得其正而后笑，一颦一笑，不轻与人，是以人不厌其笑，而遂谓之不笑也。妄取的人，则人厌其取，吾夫子非不取也，但义所当得而后取，苟非其义，即却而不受，是以人不厌其取，而遂谓之不取也。岂诚不言不笑不取哉。”夫时人之论文子，固为不情之言，而公明贾至以时中称之，尤为过情之誉。故夫子疑而诘之，说道：“汝谓汝夫子时言、乐、笑、义，取，其果然乎？然此非义理充溢于中而得时措之宜者不能，汝夫子岂真能然乎？”夫不直言其非，而但致其疑信之词如此，圣人与人为善之心，含洪忠厚之道也。

【原文】

子曰：“臧武仲以防求为后于鲁，虽曰不要君，吾不信也。”

张居正直解

臧武仲，是鲁大夫臧孙纥。防，是武仲所封之邑。要，是有挟而求。武仲得罪于鲁，出奔于邾，既而自邾归防，使人请立臧氏之后于鲁，而后去。孔子即其事而诛其心，说道：“臧武仲既已得罪出奔，虽欲请后，只宜使人陈词于鲁，以听处分，不当又入防以请。推其心，以为若不得请，则将据邑以叛矣，是盖挟不逞之心而劫之以不得不从之势，虽曰不要君，吾不信也。”夫人臣之罪，莫大于要君，武仲之所以敢于为此者，亦以鲁君失政故耳。使鲁之纪纲正，法度举，彼武仲者，其敢蹈不轨之诛乎？图治者，宜慎鉴于斯。

【原文】

子曰："晋文公谲而不正，齐桓公正而不谲。"

张居正直解 晋文公，名重耳。齐桓公，名小白。谲，是诡谲，与正相反。孔子说："齐桓、晋文相继为诸侯之长。当时虽称为二霸，然文非桓比也。盖文公为人专尚诈谋，不由正道，是谲而不正者。桓公则犹知正道，不尚诈谋，是正而不谲者。即如伐楚一事，文公欲解宋围，乃伐曹卫以致楚，欲与楚战，又复曹卫以携楚，不能声罪致讨，只以阴谋取胜而已。若桓公伐楚，则以王祭不供而声其罪，又退师召陵而许其盟，名正言顺，举动光明，此桓之所以优于文也。"二公他事，亦多类此，其优劣判然矣。然夫子亦就二公之事论之耳，推其心，则皆假借仁义，同归于谲而已，其于王者之道，岂可同日而语哉。

【原文】

子路曰："桓公杀公子纠，召忽死之，管仲不死。"曰："未仁乎？"子曰："桓公九合诸侯，不以兵车，管仲之力也。如其仁，如其仁。"

张居正直解 公子纠，是齐桓公之弟。齐有襄公之乱，桓公出奔于莒，召忽、管仲奉子纠奔鲁，以与桓公争立。桓公既返国，使鲁杀子纠，而缚管、召以与齐。召忽死之，管仲请囚。既至，桓公释其缚，用以为相。九字，《春秋传》作纠，是督率的意思。子路问说："桓公使鲁杀公子纠，召忽致命而死，于义得矣。彼管仲者，同为子纠之臣，乃独不死，而反臣事桓公，盖忘君事仇，忍心害理之人也，岂得为仁乎？”孔子说：“稽古者当论其世，论人者勿求其全。彼桓公当王室微弱，夷狄交侵之时，乃能纠合列国诸侯，攘夷狄以尊周室。且又不假兵车之力、杀伐之威，只是仗大义以率之，昭大信以一之，而诸侯莫不服从，若是者，皆管仲辅相之力也。使桓公不得管仲，则王室日卑，夷狄益横，其祸将有不可胜言者矣。夫仁者以济人利物为心，今观管仲之功，其大如此，则世之言仁者，孰有如管仲者乎？孰有如管仲者乎？殆未可以不死子纠之一节而遂病之也。”按，齐世家，桓公兄也，子纠弟也，以弟夺兄，于义已悖。是以忽之于纠，虽有可死之义，而仲之于桓，亦无不可仕之理，况实有可称之功彰彰如是乎。圣人权衡而折衷之，其义精矣。

【原文】

子贡曰：“管仲非仁者与？桓公杀公子纠，不能死，又相之。”子曰：“管仲相桓公，霸诸侯，一匡天下，民到于今受其赐。微管仲，吾其被发左衽矣。岂若匹夫匹妇之为谅也，自经于沟渎而莫之知也。”

张居正直解

霸诸侯，是为诸侯之长。匡，是正。微字，解作无字。衽，是衣衿。被发左衽，是夷狄之俗。谅，是小信。自经，是自缢。昔子贡问于孔子说：“管仲之为人，其非仁者欤？当桓公杀公子纠之时，仲为子纠之臣，义当有死无二。彼不能死，则亦已矣，乃又事桓公而为之相，其忘君事仇，忍心害理如此，是岂仁者之所为乎？”孔子答说：“子徒知管仲之过，而不知管仲之功。自周之东迁，王室微弱，夷狄纵横，天下日入于乱矣。幸而有管仲者，辅相桓公为诸侯之长，攘夷狄以尊周室，天下之乱于是乎一正。非特当时赖之，至于今，吾民犹得以享安宁之福者，皆仲之赐也。使无管仲，则中华之地将沦为夷狄，吾其被发左衽矣，尚有今日衣冠文物之盛哉。夫仲之功如此，则其不死，亦何不可之有。岂若匹夫匹妇所见浅狭，守一己之小信，而忘终身之远图，意气感激，即自缢于沟渎之中，而竟无闻于天下后世者哉。”是可见豪杰之士将建不世大功，则不拘拘于一身之小节。然此不可以常理论、常情测也，彼管仲之可以无死，贤如由赐尚或疑之，非圣人孰能定其论哉。

【原文】

公叔文子之臣大夫僎与文子同升诸公。子闻之，曰：“可以为文矣。”

张居正直解

公叔文子，是卫大夫公孙拔，其后谥为贞惠文子。公，是公朝。昔卫之大夫有名僎者，先为公叔文子家臣，文子因其贤，遂荐之于君，而与己为同僚。夫子闻此事而称美之，说道：“谥法‘文’之一字，最为美称，非其平生有才德行美者，不足以当之。今公叔之得谥为文，我固不知其他，然只就这一件观之，是即可以为文矣。夫知贤而能荐，明也；拔之家臣之贱，而升之公朝之间，公也；惟知为国用贤，不嫌名位之逼，忠也。一事而三善备焉，谥之曰文，夫何愧乎?”按：臧文仲不荐柳下惠，则夫子讥其为窃位，公叔文子荐家臣僎，则夫子称其可为文。是可见，荐贤为国，乃人臣之盛节，以人事君者，所当知也。

【原文】

子言卫灵公之无道也，康子曰："夫如是，奚而不丧?"孔子曰："仲叔圉治宾客，祝鮀治宗庙，王孙贾治军旅，夫如是，奚其丧?"

张居正直解

康子，是鲁大夫季康子。昔孔子在鲁，曾谈及卫灵公无道之事。盖其彝伦不叙，纲纪不张，在当时诸侯中最为失德，故夫子言之。季康子因问说："人君有道则兴，无道则亡。卫灵公既无道如此，何故能终保其位，而不至于丧亡乎?"孔子答说："灵公虽是无道，然却有件好处，他平生最善用人。如仲叔圉长于言语者也，则用之以接待宾客，应对诸侯；祝鮀熟于礼文者也，则用之管宗庙祭祀之事；王孙贾长于武事者也，则用之以治军旅，居将帅之任。夫治宾客得其人，则朝聘往来，无失礼于邻国，而不致启衅召祸矣。治宗庙得其人，则祀事精处，神人胥悦，而人心有所系属矣。治军旅得其人，则缓急有备，而敌国不敢窥矣。这三件，乃国之大事，皆择人以任之，而用之又各当其才，此所以内外咸理，而国家可保也。灵公虽无道，何由便至于丧亡哉?"夫卫灵以无道之君，得人而任之，尚可以保国，况于有道之世，得天下之贤才而善用之乎?所以说君子在朝，则天下必治，人主为社稷计者，宜知急亲贤之为务矣。

【原文】

子曰："其言之不怍，则为之也难。"

张居正直解

怍，是惭愧。孔子说：“凡人放言易，力行难。故躬行君子，每切其言而不敢易。若或轻肆大言，高自称许，略无断愧之心，这等的人，考其所行，必不能相顾，徒妄言以欺人耳。其为之也，不亦难乎？”所以君子贵夫实胜，而听言者又当观其行也。

【原文】

陈成子弑简公。孔子沐浴而朝，告于哀公曰：“陈恒弑其君，请讨之。”公曰：“告夫三子。”孔子曰：“以吾从大夫之后，不敢不告也。君曰‘告夫三子’者。”之三子告，不可。孔子曰：“以吾从大夫之后，不敢不告也。”

张居正直解

陈成子，是齐大夫陈恒。简公，是齐君，名壬。讨，是兴兵以讨其罪。三子，是鲁三家：孟孙氏、叔孙氏、季孙氏。孔子尝为大夫，时已致仕，故谦言从大夫之后。昔齐大夫陈成子，平日厚施于国，以邀人心，有篡齐之意。简公恶之，使其臣阚止图之，成子遂杀阚止而弑简公。此时孔子虽已致仕家居，犹沐浴斋戒而朝，告于鲁哀公说道：“陈恒不道，上弑其君，此人伦之大变，天理所不容，人人得而诛之者，请君兴兵以讨之。”当时鲁国政事都是孟孙、叔孙、季孙三家专擅，哀公不得自由，乃答说：“你去与三子计议何如？”孔子出而说道：“弑君之贼，法所必讨。我今虽不在位，然尝从大夫之后，此等大事，不敢不以告闻，亦以行吾义而已。君乃不能自会，而使我曰告夫三子者，何耶？”夫子此言，所以伤其君者至矣。

之字，解作往字。孔子奉君命而往三子之家，告以讨贼之义。彼三子者素有无君之心，实与陈氏声势相倚，故沮其谋以为不可。意以齐强鲁弱，势不相敌，且他国的事，与我何与？盖与逆臣为党，故以讨贼为非也。夫子乃应之说道："弑君乃齐之大变，讨贼实鲁之大义。吾之所以来告者，以吾从大夫之后，不敢不告也。三子以为不可，又独何心哉。"夫子此言，所以伤其臣者至矣。按：此章所记齐简公、鲁哀公，皆衰世昏庸之君，不足道者。然亦可见人主独揽乾纲，深防祸本。不可使威福下移，而奸邪有僭逾之渐；不可使事权去已，而纪纲有陵替之忧，然后君臣相安，而国家永保矣，图治者尚鉴于兹。

【原文】

子路问事君。子曰："勿欺也，而犯之。"

张居正直解

犯，是犯颜谏诤。子路问说："人臣事君之道当何如？"孔子告之说："臣之于君，有匡弼之责。君有过，必当尽言以谏诤。虽至于冒犯威严，亦有不容自已者。然须本之以忠君爱国的诚心，不可有一毫欺罔之念。由是以进言于君，虽侃侃焉危言谠论，犯颜色甘罪谴而不顾，而其一念忠爱之诚，实有溢于言词之外者，如是而后可以谓之纯臣也已。若外沽强谏之名，而内无纳诲之实意；徒避不言之责，而故为不切之虚谈，是欺也，非忠也。臣而欺君，其罪可胜诛乎！"盖子路刚直敢言，不患其不能犯，患其无忠爱之诚耳，故孔子以是勉之。然勿欺在于臣，而纳谏系于君。大舜舍己从人，闻一善言，即从之若决江河，惟求有裨于君德，有利于国家耳，何必问其心之诚与不诚乎？此又在上者所当知也。

【原文】

子曰："君子上达，小人下达。"

张居正直解

达，是通透的意思。孔子说："君子之所以为君子，小人之所以为小人，始焉不过一念之少殊，终焉遂至趋向之迥绝，何以言之？天理本自高明也。君子凡有所为，都只循着天理而行，故其心志清明，义理昭著，所知者日以精深，所行者日以纯熟，渐至于为圣为贤，而造位乎天德。譬之登山者，一步高似一步，将日进于高明矣，岂非上达者乎？人欲本自污下也。小人凡有所为，都是一团私欲，故其志气昏昧，物欲牵引，良心则日以丧失，邪行则日以恣肆，渐至于为愚为不肖，而与禽兽不远。譬之凿井者，一步低似一步，将日流于污下而已，岂非下达者乎？欲脱去凡近以游高明者，当知所择矣。"

【原文】

子曰："古之学者为己，今之学者为人。"

张居正直解

为己，是欲得之于己。为人，是欲见知于人。孔子说："古今人所学之事虽同，而其用心则异。古之学者，其从事于学问思辨，饬躬励行，若与今同也。然学问思辨，只为道未明也，而孜孜焉以明其道，饬躬励行，只为德未立也，而孜孜焉以进其德，所知者性分之固有，所为者职分之当然，惟求尽其在我而已，所以说古之学者为己。今之学者，其从事于学问思辨，饬躬励行，若与古同也。然学问思辨，未必其明道者如何，而汲汲焉欲见知于人；饬躬励行，未必其进德者如何，而汲汲焉欲求知于世。非矜炫以要名誉，则矫饰以媒爵

禄，惟恐人之不知而已，所以说今之学者为人。为己者虽专于务内，而有诸中者形诸外，其终自至于成物。为人者虽心在务外，而虚誉隆者实德病，其终并至于丧己。学者不可不知省也。"

【原文】

蘧伯玉使人于孔子，孔子与之坐而问焉。曰："夫子何为?"对曰："夫子欲寡其过而未能也。"使者出，子曰："使乎！使乎!"

张居正直解

蘧伯玉，是卫之贤大夫，名瑗。使是差人。昔孔子尝至卫，主于卫大夫蘧伯玉之家，既而返鲁，伯玉差人来问候孔子。孔子敬其主以及其使，特命之坐而问之。说道："尔夫子近日在家干些甚事?"使者对说："人不能无过，而贵于能寡。我主人之心时常战战兢兢，省事克己，欲其言皆顺理而寡尤，行皆合宜而寡悔。但人欲难于净尽，天理难于纯全，恒以为学问功疏，未免于有过，此则我主人之所为也。"使者之言虽愈自卑约，而伯玉好学力行之美，自有难掩者，盖亦善为说辞者矣。故夫子于其既出而称之说道："斯人也，其真可谓使者乎，其真可谓使者乎!"重言而叹美之，盖亦以彰蘧伯玉之贤也。大抵天下之义理无穷，人心之出入无定，故寡过未能，非使者为伯玉谦词，乃真实语也。尧、舜、禹之授受，以为人心惟危，道心惟微，成汤之检身若不及，文王之望道而未之见。古之圣贤，未有不以此存心而成德者，善学者宜加意焉。

【原文】

子曰："不在其位，不谋其政。"曾子曰："君子思不出其位。"

张居正直解 位，是职位。这一句是《易经》中《艮卦》的象词。曾子尝称述之说道：“凡人之居位，虽有大小尊卑之不同，莫不各有当尽之职。若舍其本职，而出位妄想，则在己为旷职，而于人为侵官矣。君子则身之所居在是，心之所思亦在是，凡夙夜之所图虑者，惟求以尽其本分所当为之事。如居乎仓库之位，则思以审会计，明出纳，而尽乎理财之职；如居乎军旅之任，则思以勤训练，饬军令，以尽乎诘戎之职，初未尝越位而有所思也。如是，则众职毕举，而庶务成理矣。”

【原文】

子曰：“君子耻其言而过其行。”

张居正直解 耻，是羞耻。孔子说：“人之言行贵于相顾。若喜为高论，轻肆大言，而考其所行未能如是，则为言过其行。究其归，不过便佞小人而已，故君子耻之。以是为耻，则勉不足而谨有余者，自不容不至矣。”

【原文】

子曰：“君子道者三，我无能焉：仁者不忧，知者不惑，勇者不惧。”子贡曰：“夫子自道也。”

张居正直解 忧，是忧虑。惑，是疑惑。惧，是恐惧。自道，是自家说自家的事，言道其实也。昔孔子以至圣之德，而常怀望道未见之心。说道：“君子之道有三件，反之于我，一件也不能。三者何？曰仁、曰智、曰勇是也。仁则心德浑全，而私欲净尽，凡穷通得丧，皆不足以累其心，故不忧；智则心体虚明，而思虑详审，凡是非邪正，皆不足以蔽其心，故不惑；勇则浩然之气至大至刚，以之决大疑，任大事，自勇往直前，而无足以动其心，故不惧。此三者，皆君子之全德，而我之所未能者也。”夫孔子道全德备，其于三者，皆已各造其极而时出之，岂复有所未能者乎？故子贡闻其言而叹说：“此乃夫子自言其实有者如是耳。”而乃以为未能，盖圣不自圣之心也，大抵圣人深见义理之无穷，其自视常以为不足，故圣而益圣。有志于希圣者，当知所惕励矣。

【原文】

子贡方人。子曰：“赐也贤乎哉？夫我则不暇。”

张居正直解

方，是比方。子贡平日好比方人物而较其短长。此虽穷理之一事，然专务为此，则心驰于外，而自治之功疏矣，故孔子反言以警之说：“赐也其贤乎哉？盖惟贤者，自家学问工夫极其精密，乃可以其余力而较量他人。若我则以义理无穷，工夫未到，日孜孜焉惟以进德修业，迁善改过为事，方自治之不暇，而何暇于方人哉？”夫方人之事，在圣人犹以为未暇，况学者乎？孔子言此，其所以警子贡者，至深切矣。

【原文】

子曰：“不患人之不己知，患其不能也。”

张居正直解

孔子说：“人之处世，常患名誉不彰，人不知己，然此不足患也。惟夫学焉而未能明其理，行焉而未能践其实，此则在己本无可知之具，反之吾心而有歉者，正学者所当患也。今乃不以此为患，而徒患人之不知，何哉？”

【原文】

子曰：“不逆诈，不亿不信，抑亦先觉者，是贤乎！”

张居正直解 逆，是事未来而逆料的意思。亿，是事未形而意度的意思。诈，是欺诈。不信，是不实。抑，是反语词。先觉，是无心而自然知觉。孔子说：“人之于己，未必有欺诈之事也，而先意以料之，叫作逆诈。人之于己，未必有不信之心也，而先意以猜之，叫作亿，不信。这等样有心防人，固有幸而中者，亦有诬而枉者，非诚心率物之道也。然虽不为逆亿，而人或得以欺之，则又忠厚太过，甘受人瞒，亦不足为贤也。惟于人之诈者，不必先意以迎之，于人之不信者，亦不先意以度之，而其诈与不信者之情伪，自能先知之，而不为所眩，斯则虚以应物，知能通微。譬之明镜，虽未尝有心以索照，而人之美恶妍媸，自无遁形，是乃可谓之贤也已。”盖多疑生于不明，而明者自无所疑，逆诈、亿、不信，皆由不明故耳。至明之人，物至即知，孰得而欺之乎？然非有居敬穷理之功，讲学亲贤之助，则此心虚灵之体，未免为物所蔽。欲以坐照天下，亦未易能也。此又事心者所当知。

【原文】

微生亩谓孔子曰：“丘，何为是栖栖者与？无乃为佞乎？”孔子曰：“非敢为佞也，疾固也。”

张居正直解 微生亩，是当时的隐士，盖年高有德之人也。栖栖，是依依不舍的意思。佞，是便佞。疾，是恶。固，是执一不通的意思。昔孔子周流列国，欲行其道，而人皆不能用之。有隐士微生亩者，讥之说道：“孔丘，我只见你今日之齐，明日之鲁，人不见知，则亦可以已矣。何故这等栖栖然依恋不舍欤？夫世之佞人，则务为口给，以希世取宠。你今所为，无乃为佞以求用于世乎？”孔子答说：“君子立身行己，自有法度，丘岂敢为佞人之事。但以世道污浊，挽回在人，而康济民物，当有所寄。若是守拘滞之见，以隐为高，昧变通之宜，果于忘世，则执一不通的人，又我之所恶者也。其所以栖栖然而不能忘情于斯世，盖以此耳，岂敢为佞哉！”盖微生亩是齿德俱尊的人，但其所见偏执，故圣人对之礼恭而言直如此，其警之亦深矣。

【原文】

子曰：“骥不称其力，称其德也。”

张居正直解

骥，是良马之名。德，指马之调习驯良说。孔子说：“君子之所以见称于世者，不徒以其有可用之才，以其有可贵之德也。譬如马中有骥，其所以见称于世者，不徒以其有驰骤之力，以其有驯良之德也。盖马之任重致远者存乎力，然使虽有力，而不免于蹄啮，难于控御，则亦凡品而已，何得为骥乎？人虽有才，而苟无其德，是亦小人而已，何得为君子乎？故人不可徒恃其才而不修其德，观人者，论其才而又当考其德也。”

【原文】

或曰：“以德报怨，何如？”子曰：“何以报德？以直报怨，以德报德。”

张居正直解

或人问于孔子说："人惟恩怨之心太明，故忠厚风日薄。若于人之有仇怨于我者，我皆忘其怨，而惟以恩德报之，何如？"孔子说："酬恩报怨，也是人道之常；称物平施，乃为事理之当。人之有怨于我者，既以德报之，则人之有德于我者，又将何以报之乎？此于情理乖谬甚矣。必也于人之有怨于我者，我则不计其怨，而爱憎取舍，一惟以直道处之。使其人之可爱可取欤，我固不以私怨而昧其与善之公心；使其人之当恶当弃也，我亦不避私嫌而废夫除恶之公典，这是以直报怨。若于人之有德于我者，则必以德酬之，大而捐躯以图报，小而一饭之不忘。虽其中有委曲用情，屈法从厚者，若于直道有背，而揆之天理人情，固亦未为过也，这是以德报德，如是而施报之间，庶为得其平乎。"夫观或人之言，非不近厚，而反不得其平；圣人之论，既得其平，而亦未尝不厚。诚权衡万事者之准也。

【原文】

子曰："莫我知也夫！"子贡曰："何为其莫知子也？"子曰："不怨天，不尤人。下学而上达，知我者其天乎！"

张居正直解

义理有本末精粗，从下面学起，才到得上面，所以说下学上达。昔孔子道高德厚，不求人知，当时亦罕有知之者，故发叹说："今之人，其莫我知也夫。"子贡问说："夫子之道德高厚如此，何故人都不知夫子？"孔子答说："人之学问，惟是高世绝俗，与众不同，乃可以致人之知，若我则无是也。如穷通得丧，系于天者，我虽不得于天，未尝怨天；用舍予夺，系于人者，我虽不合于人，未尝尤人，只是反己自修，循序渐进。如义理有本末精粗，我只在下面这一层着实用工，使功深力到，将上面这一层渐次通达。譬如登山的，必由卑以至高；如行路的，必自近以及远。这不过职分之当为，进修之常事，无以甚异于人，何足以致人之知哉。惟是心存为己，仰不愧天，或者上天于冥冥之中能知我耳，所以说知我者其天乎。”盖甚言其必不见知于人也。夫圣人尽性至命，与天合一，其独得之妙，真有人不能知而天独知之者，然下学上达之一言，乃万世学者之准则。人于可知可能者，逐一讲求，则于难知难能者，自然通透，固不当躐等而进，亦不可畏难而止也。有志圣学者，宜究心焉。

【原文】

公伯寮愬子路于季孙。子服景伯以告，曰：“夫子固有惑志于公伯寮，吾力犹能肆诸市朝。”子曰：“道之将行也与，命也；道之将废也与，命也。公伯寮其如命何！”

张居正直解

公伯寮，是鲁人。想，是谗谮。子服景伯，是鲁大夫子服何。夫子，指季孙说。杀人而陈其尸叫作肆。昔子路方仕于鲁，为季氏宰。鲁人有公伯寮者，乃谗谮之于季孙，而季孙信之。子服景伯心怀不平，因以其事告于孔子说：“季孙之于子路，固因公伯寮之言而有疑心矣。谗邪害正，法不可容。以吾之力，犹能诛伯寮，而陈其尸于市朝，以明子路之诬而报其怨。夫子以为何如?”

孔子因子服景伯欲诛公伯寮，乃以理晓之说道：“士君子之心，非不欲行其道于天下，而道之或行或废，实有非人所能为者，使其道之将行欤，则动见遇合，事事如意，是乃命之通也，固非人之所能使，使其道之将废欤，则动见阻滞，事事违心，是乃命之穷也，亦非人之所能。夫道之兴废，皆由于命如此，今仲由之或用或舍，固自有命存焉，使其命该亨通，虽有谗言何畏？若使谗说得行，则亦命之穷耳，于公伯寮何尤乎？吾子固不必深憾而欲诛之矣。”按：圣人于得失利害之际，惟义是安，本不待决之于命而后泰然也，其言命者，特以晓景伯、安子路、而警伯寮耳，然所谓不怨天、不尤人者，即此亦可见其一端矣。

【原文】

子曰：“贤者辟世，其次辟地，其次辟色，其次辟言。”子曰：“作者七人矣。”

张居正直解

孔子说：“贤者之心，未尝不欲有为于天下，然时不可为，则不得不高蹈远举，避而去之。故有见世之无道，即隐居不仕，而终身以避世者矣，其次有见此邦无道，去而之他邦者，谓之避地，其次有见君之礼貌既衰而去者，谓之避色，其次有因君之议论不合而去者，谓之避言。此皆不降其志，不辱其身者也，世有此人，世道之衰可知矣。”

作，是隐遁。孔子说：“当时之君子，不见用于世，作而隐遁者，有七人矣。”七人，今不知其姓名，夫子叹之，盖深为世道虑也。

【原文】

子路宿于石门。晨门曰：“奚自？”子路曰：“自孔氏。”曰：“是知其不可而为之者与？”

张居正直解 石门，是地名。晨门，是管门启闭的官，盖贤而隐于下位者。奚字，解作何字。自，是从。昔子路相从孔子周流四方，晚宿于石门。时有守门官问说："汝从何来？"子路说："我从孔氏而来。"晨门说："我闻君子相时而动，邦有道则仕，邦无道则隐。彼孔氏者，既已知时事之不可为，即卷而怀之可也。乃犹遑遑焉奔走四方，必欲有为于天下，其亦不智甚矣。子之所从者，得非此人乎？"盖讥孔子之不隐也。夫晨门之言，盖亦士君子进退之常。但圣人道高德大，视天下无不可为之时，特时君不能用耳，此又非晨门之所知也。

【原文】

子击磬于卫，有荷蒉而过孔氏之门者，曰："有心哉，击磬乎！"既而曰："鄙哉！硁硁乎！莫己知也，斯已而已矣。深则厉，浅则揭。"子曰："果哉！末之难矣。"

张居正直解 荷字，解作担字。蒉，是草器。昔孔子处春秋衰乱之世，而其康济天下之心，有不能一日忘者。时在卫国，偶然击磬以寓其忧世之心。适有一隐士，担着草器行过孔子之门，闻磬声而知之。说道："有心哉，斯人之击磬乎？"盖人心哀乐之感，每托之乐音以宣其意。夫子忧世之志，寓于磬声之中，隐士贤者故能审音而识其心也。

硁硁，是小石之坚确者。"深则厉"一句，是《卫风·匏有苦叶》之诗，带衣涉水叫作厉，褰衣涉水叫作揭。荷蒉者闻孔子之击磬，既叹其为有心，乃又讥之说道："斯人也，鄙哉硁硁乎，何其专确固执，而不达夫时宜也。夫君子相时而动，智者见几而作。今世莫我知，道与时违，则亦惟洁身以去乱而已，何为周流四方，可止而不止乎？观诸《卫风》之诗说道：‘凡徒步涉水者，遇着水深的去处，则穿着下体之衣而过之；遇着水浅的去处，则揭起下身之衣而过之。’”夫涉水者，必视其水之深浅以为厉揭；则君子处世，当视其时之治乱以为进退。今斯人也，世不见知，犹栖栖然而不止，是深不知厉，浅不知揭矣，岂不鄙哉其硁径乎？荷蒉之讥孔子如此，是不知圣人之心者矣。

孔子闻荷蒉之言而叹，说：“观斯人之言，何其果于忘世哉。夫君子之欲行其道于天下，非以为利也，将以救世也。若只要洁其一身，委而去之，亦有何难？然则荷蒉者一之果，我非不能为，直不忍为耳。”盖圣人心同天地，天地不以时之闭塞而废生物之心，圣人不以时之衰乱而忘行道之志，诚上畏天命，下悲人穷，非得已也。彼荷蒉之流，何足以知之。

【原文】

子张曰：“《书》云：‘高宗谅阴，三年不言。’何谓也？”子曰：“何必高宗？古之人皆然。君薨，百官总已以听于冢宰三年。”

张居正直解

《书》，是《商书·说命》篇。高宗，是商王武丁。谅阴字，当作梁闇，是天子居丧之处。总己，是总摄己职。冢宰，是宰臣之长。昔子张问于孔子说：“《商书·说命》篇说，商王高宗武丁居其父小乙之丧，三年不亲政事，不发言语。夫人君一日万裁，若三年不言，则臣下何所禀令乎？不识此书之旨果何谓也？”孔子说：“亲丧乃人子之大变，哀慕乃人子之至情。三年不言，何必高宗为然，自古为君的都是如此。考之古礼，君薨，则嗣君居庐守丧，不亲政事，不发号令；百官各总摄己职，以听处分于冢宰，如此者三年。夫既有冢宰可托，则嗣君虽三年不言，何忧国之乱哉？然托孤寄命，国家大事，必有忠贞不二心之臣，而后可使百官总己以听。苟非其人，又不若嗣君躬亲听览，以守先业之为大孝。故古今异时，宜此礼之不行于后世也。”

【原文】

子曰：“上好礼，则民易使也。”

张居正直解

礼，是尊卑上下的礼节。孔子说：“有国者常患民之难使，然民之难使，由其不知礼耳。盖礼所以别尊卑、辨上下，其节文度数之间至严至肃。若为上的心诚好之，修之于身，而视听言动必以礼；达之于政，而教训正俗必以礼。则等威辨而纪纲振，那百姓们都安分循理，而无敢抗违。不假刑驱势迫，而趋事赴工之恐后矣，岂不易使乎？若上之人，先自畏拘检而乐简傲，则下皆化之，而僭逾凌迫，固其所也，岂民之难治哉？”所以说礼达而分定，有天下者所宜深念也。

【原文】

子路问君子。子曰：“修己以敬。”曰：“如斯而已乎？”曰：“修己以安人。”曰：“如斯而已乎？”曰：“修己以安百姓。修己以安百姓，尧舜其犹病诸！”

张居正直解

病，是有歉于心的意思。子路问说：“人必何如而后可以为君子？”孔子告之说：“人之为学，不外乎一心而已。能庄敬，则此心惕励，而日进于高明；才安肆，则此心放逸，而日流于污下。必须静而存养，动而省察，使戒慎恐惧之心无时而少懈，则身无不修，而德无不成矣。君子之所以为君子者，以此而已。”子路问说：“君子之道大矣，乃止于如此而已乎?”盖以为未足也。孔子说：“这敬不但可以成身，乃人己合一之理。诚能敬以修己，而至于充积之盛，则己正物格，此感彼通。虽推之而至于安人者，亦不外是矣。”子路又问说：“君子之道大矣，乃止于如此而已乎?”盖犹以为未足也。孔子说：“这敬不但可以安人，乃天下为公之理。诚能敬以修己，而至于充积之盛，则处无不当，感无不通。虽极之而至于安百姓者，亦不外是矣。夫功用至于安百姓，岂易能哉？虽尧舜至圣，以钦明温恭之德，致时雍风动之休，而当时之民亦难保其无一夫之不获，在尧舜之心，犹有歉然不能自宁者矣。夫观尧舜且以为病，则修己以敬，岂不足以尽君子乎?”按：修己以敬，乃千圣相传之要，而尧舜犹病，实圣人无穷之心。人君诚能法尧舜之敬以修身，而推尧舜之心以图治，何患德不符于二帝，而世不跻于唐虞哉。

【原文】

原壤夷俟。子曰：“幼而不孙弟，长而无述焉，老而不死，是为贼。”以杖叩其胫。

张居正直解

原壤，是孔子的故人，平素从老氏之教，放旷于礼法者。夷，是蹲踞。俟，是待。叩，是击。胫，是足骨。昔原壤见孔子之来，而蹲踞以待之，其疏放不检如此。孔子责之说道："礼法乃检身之要，傲惰为恶德之尤。汝自年幼时，则任情傲物，而不知逊弟之道。及至长大，则蹉跎岁月，而无一善状之可称。今又老而不死，徒败常乱俗，为风化之蠹而已，非害人之贼而何?"孔子既责之，而以所曳之杖微击其胫，若使勿蹲踞然。圣人于败坏礼教之人，深恶而痛责之如此。

【原文】

阙党童子将命。或问之曰："益者与?"子曰："吾见其居于位也，见其与先生并行也。非求益者也，欲速成者也。"

张居正直解

阙党，是地名。将命，是传宾主之言。益，是进益。昔阙党之中，有童子者来学于孔子。孔子使之答应宾客，而传往来之命，或人问于孔子说："传命亦非易事也。此童子必学有进益，故夫子使之为此，以宠异之欤?"孔子答说："在礼童子当隅坐随行。今此童子，吾见其居于长者之位，而不循夫隅坐之礼；见其与先生并行，而不循夫随行之礼。夫为童子而不安其分如此，是乃进修无渐，积德无基，非求益者也。但欲凌节躐等，而速进于成人之列耳。故我使之给使令之役，观少长之序，而习揖逊之容，所以折其少年英锐之气，而令其日就于规矩法度之中也，岂宠而异之哉?"由是观之，可见圣门之教，虽以敏求为先，亦以躐等为戒。盖躐等，则欲速而不达；循序，则日益而不知，所以夫子亦自云下学而上达，为此故耳。学者，宜知所从事焉。

卫灵公第十五

【原文】

卫灵公问陈于孔子。孔子对曰："俎豆之事，则尝闻之矣。军旅之事，未之学也。"明日遂行。

张居正直解

陈，是军师行伍之列。俎豆，是礼器。昔卫灵公好勇而无道，故以战阵之事问于孔子。孔子对说："吾自幼学礼，凡俎豆礼文之事，陈设祭飨之仪，盖尝闻其说矣；若夫军旅之事，则固未之学也。既未尝学，则岂敢妄对乎？"夫以孔子之圣，文事武备，孰非其所优为者？但灵公所问，乃军师行伍之列，攻杀击刺之方，此不过武夫战士之事耳，岂足以尽圣人之蕴乎？舍其大而究其小，其不足与有为可知矣。故孔子不对，而明日遂行。所谓见几而作，可以速则速者也。

【原文】

在陈绝粮，从者病，莫能兴。子路愠见曰："君子亦有穷乎？"子曰："君子固穷，小人穷斯滥矣。"

张居正直解

兴，是起。愠，是含怒的意思。滥，是泛滥，言人之放溢为非，如水之泛滥而不止也。孔子既不对灵公之问，遂去卫适陈。至于陈国，粮食断绝，从者皆饥饿而病，莫能兴起。子路当此穷困之时，不胜愠怒之意，见于颜色，问说："君子之人，宜乎为天所佑，为人所助，不当得穷者也，乃亦有时而穷困若此乎？"孔子说："穷通得丧，系乎所遇。有不在我者，君子安能自必乎？盖亦有穷时也，但君子处穷，则能固守其穷，确然以义命自安，而其志不少移夺；若小人一遇困穷，则自放于礼法之外，而无所不至矣。然则今日之穷，但当固守，而不至于滥焉可矣，何必怨尤乎哉？"夫观圣贤之所遭如此，则春秋之世可知矣！

【原文】

子曰："赐也，汝以予为多学而识之者与？"对曰："然。非与？"曰："非也。予一以贯之。"

张居正直解

识字，解作记字。贯，是通。子贡之学，多而能识，而于道之本原处，尚未能悟，故孔子呼其名而告之说："赐也，汝见我于天下事物之理，无所不知，岂以我为件件穷究，事事学习而记识于心，故能如此乎？"子贡对说："事物之理，不学则不能知。夫子之多知，故必由于多学也。"既而又忽疑说："事物之理无穷，夫子虽好学，亦岂能一一而周知？"意者别有简易切要之方，无事于多学而识之者欤？盖子贡学将有得，故方信而忽疑也。孔子乃晓之说："我非多学而识者也。盖天下义理，虽散见于事物之中，而实统具于吾心。吾惟涵养此心，使虚灵之体不为物欲所蔽，则事至而明觉，物来而顺应，自然触处洞然，无所疑惑。譬之镜体清明，则虽妍媸万状，自照见之而无遗；权衡平审，则虽轻重万殊，自称量之而不爽。盖一以贯之者也。若欲一一多学而识之，则事理无穷，而闻见有限，用力愈劳，而去道愈远矣，岂吾之所为学者哉？”按一贯之旨，即尧舜以来相传心法，非子贡学将有得，孔子亦未遽以语之也。学圣人者，宜究心焉。

【原文】

子曰：“由，知德者鲜矣。”

张居正直解 孔子呼子路之名而告之说：“义理之得于心者谓之德，非实有是德者，不能知其意味之真也。若人而至于知德，则性分之乐，充然自足。倘来之遇，何所加损。凡小而是非毁誉，大而用舍行藏，极而死生祸福，皆无足以动其中矣。顾今之人，能知德者几何人哉！”夫子此言，盖为子路愠见而发，所以深警之，使其勉进于德也。

【原文】

子曰：“无为而治者，其舜也与？夫何为哉。恭己正南面而已矣。”

张居正直解 孔子说：“自古帝王以盛德而致至治者多矣。然或开创而前无所承，则不能无经始之劳；或主圣而臣莫能及，则不能得任人之逸，是皆未免于有为也。若夫躬修玄默，密运化机，不待有所作为，而天下自治者，其惟虞舜之为君也与？盖舜之前有尧，凡经纶开创之事，尧固已先为之。舜承其后，不过遵守成法而已，下又得禹、稷、契、皋陶、伯益诸臣，以为之辅。凡亮工熙载之事，诸臣皆已代为之，舜居其上，不过询事考成而已。以今考之，舜果何所为哉？但见其垂衣拱手，端居南面，穆穆然著其敬德之容而已。”而当其时，庶绩咸熙，万邦自宁，后世称极治者必归之有虞焉。所以说无为而治者，惟舜为然也，然无为者，有虞之治，而无逸者，圣人之心。故书之称舜，不曰无怠无荒，则曰兢兢业业，一日二日，万几。盖无逸者，正所以成其无为也，不然，而肆然民上，漫不经心，何以有从欲风动之治哉？善法舜者，尚于其敬德任贤求之。

【原文】

子张问行。子曰：“言忠信，行笃敬，虽蛮貊之邦行矣。言不忠信，行不笃敬，虽州里行乎哉？”

张居正直解

行，是所行通利。二千五百家为州，二十五家为里。子张问于孔子说：“人必何如，然后能使己之所行，无往而不通利乎？”孔子说：“至诚乃能感人，君子求诸在己，如使所言者忠诚信实，而绝无虚诞之辞；所行者笃厚敬谨，而不为浅躁之行。似这等诚实无伪的人，自然见者敬爱，闻者向慕，虽南蛮北貊之邦，亦将通行而无碍矣，而况其近者乎！若使言不忠信，而徒务口给以御人；行不笃敬，而徒为饰貌以相与。似这等虚诈不实的人，必然动则招尤，言则启侮，虽州里乡党之近，亦将阻碍而难行矣，而况其远者乎！行之利与不利，惟视其心之诚与不诚而已。”

【原文】

“立，则见其参于前也；在舆，则见其倚于衡也。夫然后行。”子张书诸绅。

张居正直解 参是参对。倚是倚靠。车轭叫作衡。绅是大带之垂者。孔子又告子张说：“感人以诚，固无有不动者。然这存诚工夫，不可少有间断。少有间断，则虚伪杂之，亦终不可行也。必须念念在此，而无顷刻之间。站立则见忠信笃敬之理，参对在我面前，在舆则见忠信笃敬之理，倚靠在那衡上，这等样念兹在兹，无少间断，然后所言者，句句都是忠信，所行者，事事都是笃敬，而州里蛮貊皆可行也。”盖子张务外，而不能有恒，故夫子勉之如此，于是子张即以夫子之言，书写于大带之上，盖欲常接于目而警于心，亦可谓能佩服圣人之教矣。按此章之言，不独学者切己之事，在人君尤宜致谨，人君一言失，则天下议之；一行失，则天下背之，甚则怨之詈之。非细故也，诚能忠信笃敬，则所谓至诚与天地参者，亦不外此，而况于人乎，所以说王道本于诚意。

【原文】

子曰：“直哉史鱼。邦有道，如矢，邦无道，如矢。君子哉蘧伯玉！邦有道，则仕，邦无道，则可卷而怀之。”

张居正直解 史鱼、蘧伯玉，都是卫大夫。矢，是箭。如矢，言其正直如射的箭一般。卷，是收。怀字，解作藏字。昔者，孔子周流四方，往来过卫，尝识其大夫史鱼、蘧伯玉，而知其贤，故称美之说道：“直矣哉，史鱼之为人也。盖人固有自守以正，而时异世殊，或不能不委曲以随俗者，未足以为直也。惟夫史鱼，当邦家有道，可以危言危行之时，彼之忠谠刚正，无所回护，固挺然如矢之直矣，及邦家无道，方当危行逊言之时，彼之忠谠刚正，无所委徇，亦挺然如矢之直焉。”时有变迁，而守无屈挠，是乃忠鲠性成，有死无二者也，所以说直哉史鱼。又称美蘧伯玉说道：“君子哉蘧伯玉之为人也。盖人德有未成，则其进退出处之间，必有不能适当其可者，未足为君子也。今观蘧伯玉，当邦家有道，正君子道长之时也。彼则居位行志，出而见用于世；及邦家无道，乃君子道消之时也，彼则从容引去，卷而怀之焉。随时进退，各适其宜，盖庶几于圣贤之大道者也。所以说君子哉蘧伯玉。”夫以卫之小国而得此二贤，亦可谓有人矣。惜乎灵公无道，而不能用也，是故惟圣主为能容直臣，惟治朝为能用君子，有世道之责者，当知所辨矣。

【原文】

子曰：“可与言，而不与之言，失人；不可与言，而与之言，失言。智者不失人，亦不失言。”

张居正直解

孔子说：“人之识见，有浅深不同，而我之语默，贵施当其可。彼人有造诣精深，事理通达，这是可与言的人，却乃缄默而不与之言，是在彼有受言之地，而在我无知人之明，将这样好人不识得，岂不是失了人？若其人昏愚无识，或造诣未到，这是不可与言的人，却乃不择而与之言，在彼则不能听受，在我则徒为强聒。可惜好言语轻发了，岂不是失了言。惟夫明智之人，藻鉴素精，权衡素审，一语一默，咸适其宜。遇着可与言的人，即与之言，既不至于失人；遇着不可与言的人，即不与之言，亦不至于失言，此其所以可法也。”盖君子一言以为知，一言以为不知，知与不知，只在一言之间，言之不可不慎如此。

【原文】

子曰“志士仁人，无求生以害仁，有杀身以成仁。”

张居正直解

合乎天理而当于人心者，谓之仁。孔子说：“好生恶死，人之常情。然有事关纲常之重，而适遭其穷者，又不得避死而偷生也。故有志之士与夫成德之人，其处纲常伦理之间，惟求以合乎天理，当乎人心，以成就吾之仁而已，使其身可以无死，而于仁又无所害，固不必轻生以犯罪矣。若身虽可免而大节有亏，则为志士仁人者，决不肯偷生苟免以害吾之仁，宁可杀身授命以成吾之仁。”盖生固可欲，而仁之可欲有甚于生，故生有所不为也；死固可恶，而不仁之可恶有甚于死，故死有所不避也。然死生之义亦大矣，自非上为君亲之难而身系纲常之重，宁肯决死生于一旦哉？欲成其仁者，又当揆之以义可也。

【原文】

子贡问为仁。子曰：“工欲善其事，必先利其器。居是邦也，事其大夫之贤者，友其士之仁者。”

张居正直解

子贡问于孔子说：“人之为学，必如何而后可以全其本心之德乎？”孔子说：“为仁之功，固当决之于己；为仁之资，亦必有取于人。譬如百工技艺之人，将欲精善其所为之事，必先磨利其所用之器，器利而后事可精也。

曲艺必有所资如此，况于为仁者乎？是以君子处于一邦之中，于大夫之贤者，则当执弟子之礼而事之，接其言论风采，以消吾之鄙吝；考其德行政事，以励吾之进修。如此，则为吾之标准者有其人，自然此心收敛谨肃，而不敢放肆矣。士之仁者，则当执交游之礼而友之。德业则相劝，以日进于仁；过失则相规，以日远于不仁，如此则为吾之夹持者有其人，自然此心观感兴起，而不敢怠惰矣。为仁之道，孰有加于此哉?”然学者资师友以成其仁，人君赖贤臣以成其德，其道一也，所以古之帝王，左右前后，莫非正人，侍御仆从，皆得进谏，无非所以防此心之放逸耳，明主宜从事焉。

【原文】

颜渊问为邦。子曰：“行夏之时，乘殷之辂，服周之冕，乐则《韶》舞。放郑声，远佞人。郑声淫，佞人殆。”

张居正直解

时，是时令。辂，是大车。冕，是朝、祭服之冠。《韶》，是舜乐。郑声，是郑国之音。佞人，是卑谄辩给之人。昔颜渊有志于用世，因问为邦之道于孔子。孔子答之说：“治莫善于法古，道尤贵于用中。自昔帝王之兴，必改正朔。周正建子，盖取天开于子之义，商正建丑，盖取地辟于丑之义。夏时建寅，盖取人生于寅之义，然治历明时，本以为民，则夏以寅月为岁首，于人事切矣。故欲改正朔者，当行夏之时，大辂之制，其来久矣，后世饰以金玉，则过侈而易败。惟殷之辂，但以木为之，朴素浑坚，既可经久，而贵贱之间，等威又辨，此质而得中者也。故乘辂之制，有取于殷焉。冠冕之服，始于黄帝，而文采未著。惟周之冕，华不为靡，费不及奢，盖文而得中者也。故服冕之制，有取于周焉。帝王之兴，皆有乐舞，以象成功。历代作者非一，而尽善尽美，则莫有过于舜之《韶》乐者，故乐当用《韶》舞焉。至于郑国之声，则禁绝之，勿使其接于耳，便佞之人，则斥远之，勿使其近于前。何也，盖郑声邪辟淫佚，听之使人心志淫荡，故不可不放也，佞人变乱是非，近之足以覆人邦家，故不可不远也。"夫既酌三代之礼，而法其所当法，又严害治之防，而戒其所当戒，则治国之道大备于此矣。颜子有王佐之才，故孔子以是告之。至于郑声、佞人，实万世之明戒。盖有治则有乱，世之治也，以礼乐法度维持之而不足，其乱也，以声色佞幸败坏之而有余。是以尧舜犹畏孔壬，成汤不迩声色，诚所以绝祸本而塞乱源也。《书经》上说："不役耳目，百度维贞。"保治者宜留意焉。

【原文】

子曰："人无远虑，必有近忧。"

张居正直解

孔子说："天下之事变无常，而夫人之思虑贵审。故智者能销患于未萌，弭祸于未形者，惟其有远虑也。若只安享于目前，而于身所不到处，通不去照管，苟且于一时；而于后来的事变，通不去想算。这等无远虑的人，其计事不审，防患必疏，自谓天下之事，无复可忧，而不知大可忧者，固已伏于至近之地，几席之下，将有不测之虞，旦夕之间，或起意外之变矣。是故圣帝明王，身不下堂序，而虑周四海之外，事不离日用，而计安万年之久，正有见于此也。"

【原文】

子曰："已矣乎！吾未见好德如好色者也。"

张居正直解

已矣乎，是绝望之词。孔子说："秉彝好德，人之良心。人固未有不好德者，然须见而好，好而乐，如好好色一般，方是心诚好德。乃今之人，见德者，未必能好，好德者，未必能乐。或外亲而内疏，或阳慕而阴忌，求其能如好色之诚者。已矣乎，吾终不得见其人矣。"孔子此言，所以激励天下，欲其移好色之心以好德也。

【原文】

子曰："臧文仲，其窃位者与？知柳下惠之贤，而不与立也。"

张居正直解

臧文仲，是鲁大夫。柳下惠，是鲁之贤人。窃位，是无德而居乎其位，如偷盗的一般。孔子说："人臣居乎其位，当求无愧于心，若鲁大夫臧文仲者，其盗窃官位而据之者与？何也？盖朝廷官位，以待才贤。是以君子居其位，不但自己尽心供职，以求称其位。又当荐引天下贤才，以布列于有位，而后谓之忠。彼臧文仲者，明知柳下惠是个贤人，便当荐之于君，以为国家之用可也，却不能汲引荐拔与已并立于公朝，而使之终身困厄于下位。夫不知其贤犹可诿也，既知其贤而故弃之，推其心，盖惟恐贤者进用夺了他这位子一般，是以嫉贤妒能之私，为持禄固宠之计，非窃位而何？"夫人臣蔽贤而不举，则为窃位，使人臣举之而君不能用，岂不亦有负于大君之任哉？

【原文】

子曰："躬自厚而薄责于人，则远怨矣！"

张居正直解 躬字，解作身字。躬自厚，是责己者厚。孔子说："常人之情，恕己则昏，责人则明，此怨之所由生也。诚能厚于责己，而薄于责人，如道有未尽，只就自家身上点检，而于人则每存恕心，初不强其所未能；如行有不得，只就自家身上反求，而于人则曲为包容，初不责其所不及。夫责己厚，则其身益修；责人薄，则于人无忤。如是，人将爱敬之恐后矣，怨其有不远者哉？"此修己待人之法，古帝王检身若不及，与人不求备，正此意也。

【原文】

子曰："不曰如之何如之何者，吾末如之何也已矣。"

张居正直解 如之何，如之何，是熟思而审处之辞。末如之何，是无奈他何的意思。孔子说："人之于事，必须思之审，而后处之当。若于临事之际，不仔细思量反覆裁度，说此事当如何处置，此事当如何处置，却只任意妄为，率尔酬应，似这等的人，于利害是非，全无算计，虽与之言，彼亦不知，任之以事，必至偾事。我将奈之何哉？"于此见天下之事，必虑善而后动，斯动罔弗臧，计定而后举，斯举无弗当，亦谋国者所当知也。

【原文】

子曰："群居终日，言不及义，好行小慧，难矣哉！"

张居正直解 小慧，是私智。孔子说："君子之取友，本以为讲学辅仁之资也。夫苟群聚而居，至于终日之久，所言者全不及于义理，而惟以游谈谑浪为亲，所行者全不关乎德业，而惟以小事聪明为好。夫然则放辟邪侈之心滋；行险侥幸之机熟。不惟无以切磋而相成，且同归于污下而有损矣。欲以入德而免患，岂不难矣哉？"

【原文】

子曰："君子义以为质，礼以行之，孙以出之，信以成之。君子哉！"

张居正直解

质，是质干。孙，是谦逊。孔子说："人之处事，难于尽善。若既不失事理之宜，而又兼备众善之美，则惟君子能之。盖君子知事无定形，而有定理，故凡应事接物，以义为之质干，其是非可否，一惟视事理之当然者而处之，盖有不可以势夺，不可以利回者，其心有定见如此，然未尝径情而直行也。又行之以礼，而周旋曲折，灿然有品节之文焉，未尝自是而轻物也。又出之以逊，而谦卑退让，蔼然有和顺之美焉，且自始至终，全是一片真切诚实的心，以贯彻于应事接物之间，而绝无一毫虚伪娇饰之意，这是信以成之。"夫以义为质，则固已得事理之当矣，而又备众善之美，以此处天下之事，将何往而不宜哉？盖非成德之君子未易及也。然此必学问深而涵养熟者，然后能之，有经世宰物之责者，当知所从事矣。

【原文】

子曰："君子病无能焉，不病人之不已知也。"

张居正直解

病字，解作患字。孔子说："今之学者为人，故每以人不己知为患。君子学以为己，其所患者惟在道不加进，德不加修，碌碌焉一无所能而已。若身有道德之实，而人莫我知，于我本无所损，于人果何足尤？故君子不以为患焉。”此可见自修之道，当务实而毋务名矣。

【原文】

子曰：“君子疾没世而名不称焉。”

张居正直解

疾，是疾恶。没世，是终身。孔子说：“君子学以为己，固无意于求名，然人德有诸己，则名誉自彰，是名所以表其实者也。若从少到老，至于下世的时候，而其声名终不见称于人，则其无一善之实可知。这等的人，虚过了一生，与草木同腐焉耳，岂非君子之所恶者哉？”然则君子之所恶，非恶其无名也，恶其无实也。修己者当知所勉矣。

【原文】

子曰：“君子求诸己，小人求诸人。”

张居正直解

孔子说：“君子小人，人品不同，用心自异。君子以为己为心，故凡事皆反求诸己，如爱人不亲，则反求其仁，礼人不答，则反求其敬。即其省身之念，只恐阙失在己，而点检不容不详，何尝过望于人乎？小人则专以为人为心，故凡事惟责备于人，己不仁而责人之我亲，己无礼而责人之我敬，即其尤人之念，只见得阙失在人，而所求不遂不止，何尝内省诸己乎？”夫求诸己者，己无所失，而其德自足以感人，求诸人者，人未必从，而其弊徒足以丧己。观于君子小人之分，而立心可不慎哉？

【原文】

子曰："君子矜而不争，群而不党。"

张居正直解 庄以持己，叫作矜。不争，是无乖戾的意思。和以处众，叫作群。不党，是无偏向的意思。孔子说："大凡处己严毅的人，易至于乖戾，惟君子之持己也，视听言动，无一事不在礼法之中，可谓矜矣。然其矜也，乃以理自律，而非以气陵人也，何尝矫世戾俗以至于争乎？凡处人和易的人，多流于阿党。惟君子之处众也，家国天下，无一人不在包容之内，可谓群矣。然其群也，乃以道相与，而非以情相徇也，何尝同流合污以至于党乎？"夫持己莫善于矜，而不争乃所以节矜之过。处众莫善于群，而不党乃所以制和之流。古之帝王，检身克己，而未尝忿嫉求备于人，容民蓄众，而不废旌淑别慝之典。其善处人己之间，亦用此道而已矣。

【原文】

子曰："君子不以言举人，不以人废言。"

张居正直解 孔子说："君子听言贵审，取善贵弘。其言虽有可取，而其人或未可信，则君子亦惟取其言而已。至于其中之所存，则有不可以言尽者。敷奏而必试以功，听言而必观其行，何尝因言而遂举其人乎？"盖天下真才难辨，使以言举人，则饰言以求进者众矣，而可若是之易乎？其人虽无足取而其言或有可采，则君子亦姑置其人而已。至于其言之当理，则有不可以人弃者。狂夫或有可择，刍荛亦所当询。何尝因人而遂废其言乎？盖善之所在无方，使以人废言，则嘉言之攸伏者多矣，而可若是之隘乎？夫用人审，既不至于失人，取善弘，又不至于失言，可以见君子至公之心矣，尧舜静言是惩，迩言必察，正此意也。

【原文】

子贡问曰："有一言而可以终身行之者乎？子曰："其恕乎！己所不欲，勿施于人。"

张居正直解

一言，是一字。子贡问于孔子说："学者必务知要，今有一言之约，可以终身行之而无弊者乎？"孔子教之说："道虽不尽于一言，而实不外于一心。欲求终身可行之理，其惟恕之一言乎！盖人己虽殊，其心则一。使把自己心上所不欲的事却去施以及人，这便不是恕了。所谓恕者，以己度人，而知人之心不异于我，即不以己所不欲者，加之于人。如不欲上之无礼于我，则亦不以此施之于下，不欲下之不忠于我，则亦不以此施之于上。斯则视人惟己，而知之无不明；以己及人，而处之无不当。不论远近亲疏，富贵贫贱，只是这个道理推将去，将随所处而皆宜矣。然则欲求终身可行，宁有外于恕之一言者哉？"按：此恕字与《大学》"絜矩"二字之义相同。盖平天下之道，亦不过与民同其好恶而已。推心之用，其大如此，不但学者之事也。

【原文】

子曰："吾之于人也，谁毁谁誉？如有所誉者，其有所试矣。斯民也，三代之所以直道而行也。"

张居正直解

毁，是毁谤。誉，是夸奖。试，是验。直道，即公道。孔子说："天下本有是非之公，而人间多徇于好恶之私。吾之于人也，恶者固未尝不称之以示戒，然但指其恶之实迹而言之耳。若将人没有的事，而肆为诬谤，便是作意去毁人，非公恶矣。吾于谁而有毁乎？善者固未尝不扬之以示劝，然亦据其善之实事而言之耳。若将人本无的事，而过为夸许，便是作意去誉人，非公好矣，吾于谁而有誉乎？然毁誉固皆不可有，而誉犹不失夫与人为善之公。故我之于人，容或有誉之少过者，亦必试验其人，志向不凡，进修有序，即今日之所造，虽未必尽如吾言，料他日之有成，决可以不负所许者，然后从而誉之耳。夫誉且不敢轻易，而况于毁乎？然我之所以无所毁誉者，何哉？盖以天理之在人心，不以古今而有异者也。今之世虽非三代之世，而今之民所以善其善，恶其恶，一无所私曲者，固即三代直道之民也。民心不异于古如此，我安得枉其是非之实，而妄有毁誉哉？"孔子此言，盖深为世道虑，而欲挽之于三代之隆也。要之公道在人，以之命德讨罪、褒善贬恶者，都是此理。使在上者持此以操赏罚之权，则天下以劝以惩，而公道大行；在下者持此以定是非之论，则天下以荣以辱，而公道大明，尚何古道之不可复哉？

【原文】

子曰："吾犹及史之阙文也，有马者，借人乘之，今亡矣夫！"

张居正直解

孔子说："观人心可以知世道。向当我生之初，去古虽远，然质朴真率之意，犹有存者。如作史者，或闻见未真，考据未确，即阙其文而以疑传疑，未尝执己见以自是焉。有马者，或彼此相假，有无相通，即借诸人而忘物忘我，未尝挟所有以自私焉。这等风俗，犹为近古，今则不然矣。”执己自用，不顾是非之实，能知史文之当阙者何人哉？悭吝自私，全无公利之意，能以马借人者何人哉？盖人心日漓，而风俗日薄矣，有世道之虑者，岂不可慨也哉！

【原文】

子曰：“巧言乱德，小不忍则乱大谋。”

张居正直解

孔子说：“凡持正论者，多尚实不尚文。惟那舌辩巧言的人，以是为非，以非为是，以贤为不肖，以不肖为贤。听其言，虽若有理，而实不出于天下之公。一或误听之，则真伪混淆，而聪明为其所眩，是非倒置，而心志为其所移，适足以乱德而已。至若谋大事者，必有忍乃有济，使或小有不忍，而任情动气，当断不断，而以妇人之姑息为仁，不当断而断，而以匹夫之果敢为勇。如此，则牵于私爱，或以优柔而养奸，激于小忿，或以轻躁而速祸，适足以乱大谋而已。”然则人之听言处事，可不戒其意向之偏，而约之义理之正哉？

【原文】

子曰：“众恶之，必察焉；众好之，必察焉。”

张居正直解

察，是审察。孔子说：“好善恶恶，虽人之公心，而同声附和之言，亦有未必尽实者。有人于此，众口一词，都说他是个不好的人，其所恶宜若公矣。然其

中宁无特立独行，而不合于流俗者乎？还要仔细审察，必真见其可恶而后恶之可也。有人于此，众口一词，都说他是个好人，其所好宜若公矣。然其中宁无同流合污而取悦于流俗者乎？还要仔细审察，必真见其可好而后好之可也。”盖天下有众论，有公论，众论未必出于公，公论未必尽出于众，能于此而加察焉，则朋党比周之人，不得以眩吾之明，而孤立无与之士，成得见知于上矣，此用人者所当知。

【原文】

子曰：“人能弘道，非道弘人。”

张居正直解

弘，是廓大的意思。孔子说：“有此人，则有此道。道固不外于人，然人心有觉，而道体无为，故率其性分之所固有者，廓而大之，以修身齐家治国平天下，极之而至于参天地，赞化育，都是这个道理发挥出来，所以说人能弘道也。若道，则寓于形气之中，而泯乎见闻之迹，不得人以推行之，则虽有修齐治平之能，参赞弥纶之妙，亦无由而自见矣，道岂能以弘入乎哉？”夫人能弘道，则道所当自尽，非道弘人，则人不可自诿矣。然弘之一字，其义甚大。理有一之未备，不叫作弘。化有一之未达，不叫作弘，故语修己必尽陛至命，语功业必际天蟠地，斯足以尽弘字之义也，体道者可不勉哉？

【原文】

子曰：“过而不改，是谓过矣！“

张居正直解

过，是过差。孔子说：“人之学问工夫，未到精密的去处，其日用之间，岂能无一言之差，一事之失。但知道是自已的不是，随即改了，则可复于无过矣。若遂非文过，惮于悛改，则无心之差，反成有心之失。一时之误，遂贻终身之尤，其过将日积而不及改矣，可不戒哉?”于此见人固以无过为难，而尤以改过为贵。故大舜有予违汝弼之戒，成汤有改过不吝之勇，万世称圣帝明王者必归焉，自治者当以为法。

【原文】

子曰：“吾尝终日不食，终夜不寝，以思，无益，不如学也。”

张居正直解

思，是思量。益，是补益。孔子说：“我于天下之理，以为不思则不能得。固尝终日不吃饮食，终夜不去睡卧，于以研穷事物之理，探索性命之精，将谓道可以思而得也。然毕竟枉费了精神，而于道实无所得，何益之有?诚不若好古敏求，着实去用功，以从事于致知力行之学，久之，功夫纯熟，义理自然贯通矣，其视徒思而无得者，岂不大相远哉?所以说不如学也。”然孔子此言特以警夫徒思而不学者耳，其实学与思二者功夫相因，阙一不可，善学者，当知有合一之功焉。

【原文】

子曰：“君子谋道不谋食。耕者，馁在其中矣；学也，禄在其中矣。君子忧道不忧贫。”

张居正直解

谋，是图谋。馁，是饥馁。孔子说：“人之所以终日营营而不息者，都只是谋图口食，干求利禄而已。乃若君子之人，其所图惟于念虑者，只在求得乎道焉耳。至于口食之求，则有所不暇计者，盖食之得与不得，不系于谋与不谋。如农夫耕田，本为谋食而求免于饥，然或遇着年岁荒歉，五谷不登，则无所得食而饥馁在其中矣。君子为学，本为谋道，固无心于禄，然学成而见用于时，则居官食俸，而禄自在其中矣。夫求者未必得，而得者不必求。则人亦何用孳孳以谋食为哉？是以君子之心，惟忧不得乎道，无以成性而成身；不忧无禄而贫，而欲假此以求禄而致富也。”君子立心之纯有如此，人臣推此心以事君，敬事而后食，先劳而后禄，斯可以为纯臣矣。

【原文】

子曰：“知及之，仁不能守之，虽得之，必失之。知及之，仁能守之，不庄以莅之，则民不敬。知及之，仁能守之，庄以莅之，动之不以礼，未善也。”

张居正直解

容貌端严叫作庄。莅字，解作临字。动是鼓舞作兴的意思。孔子说：“天下道理无穷，而君子之学，必求其尽善而后已。固有资质明敏，学问功深，于修己治人的道理，已是见到这分际了，即拳拳服膺而勿失之可也，却乃持守弗坚，以至于私欲混杂，有始无终，则向者所得终亦必亡而已，虽知之何益乎？此有其智者不可不体之以仁也。若夫智既及之，仁又能守之，则其德已全矣。乃于临民处事之际，容貌或有未端，不能庄以莅之，则自亵其居尊之体，而无威可畏，适以启民之慢而已，此有其德者，又不可不谨其容也。至若智及之，仁能守之，又能庄以莅之，斯则内外交修，宜无可议矣。然于化民动众之间，条教法令之设，犹有未能合天理之节文，约人情于中正者，则细行弗矜，终累大德，虽能使民敬，而不能使民化，亦岂足为尽善全美乎？”是务其大者，亦不可不谨于小也。此可见，道合内外，兼本末，有一边，不可缺一边，而德愈全，则责愈备；进一步，更当深一步。体道之功，庸可以自足乎哉！

【原文】

子曰：“君子不可小知，而可大受也。小人不可大受，而可小知也。”

张居正直解

知，是我知其人。受，是彼所承受。孔子说：“君子小人，人品不同，材器自异。君子所务者大，而不屑于小。若只把小事看他，则一才一艺或非所长，未足以知其为人也。惟看他担当大事的去处，其德器凝重，投之至大而不惊；材识宏深，纳之至繁而不乱，以安国家，以定社稷，皆其力量之所优为者，观于此而后君子之所蕴可知也已。至于小人，器量浅狭，识见卑陋，譬之杯勺之器，岂能与鼎鼐并容，朴樕之才，无以胜栋梁之任，托之天下国家的大事，彼必不能堪也。然略其大而取其小，则智或足以效一官，能或足以办一事，未必一无所长焉，观此则虽小人亦有不可尽弃也已。”夫君子小人，才各有能有不能，则辨别固不可不精；而用各有适有不适，则任使尤不可不当矣，但大受之器厚重而难窥，小知之才便捷而易见，自非端好尚识治体则断断大臣。或以无他技而见疏，碌碌庸人，或以小有才而取宠，而蠹国偾事，有不可胜言者矣。欲鉴别人才者，必先有穷理正心之功焉。

【原文】

子曰："民之于仁也，甚于水火。水火，吾见蹈而死者矣，未见蹈仁而死者也。"

张居正直解

足所践履，叫作蹈。孔子说："人之生理，莫切于仁，而养生之物，莫切于水火。然水火还是外物，没了水火，不过饥渴困苦，害及其身而已。若没了这仁，则本心丧失，虽有此身，亦无以自立矣。仁之切于人也，岂不尤甚于水火乎？况水火虽能养人，亦或有时而杀人。如蹈水而为水所溺，蹈火而为火所焚。吾尝见其有死者矣，仁则天之尊爵，人之安宅，得之者荣，全之者寿，何尝见有蹈仁而死者哉？"夫仁至切于人，而又无害于人，人亦何惮而不为乎？孔子此言，所以勉人之为仁者至矣！

【原文】

子曰："当仁不让于师。"

张居正直解

当，是担当。仁，是心之全德。孔子说："人之为学，凡道理所当尽，职业所当修者，必须直任于己，勇往以图之，不宜因循退托，而逊让于人。莫说凡人不必逊让，便是弟子之于师，他事固无所不让，至于担当为仁的去处，亦有不容让者。"盖仁者吾所自有而自为之，非夺诸彼而先之也，何让之有？故有颜子之请事，然后能克己而复礼；有曾子之弘毅，然后能任重而道远，此真足担当乎仁者也。况人君体仁以长人，将为天地立心，为生民立命，为万世开太平，又何让乎哉？

【原文】

子曰："君子贞而不谅。"

张居正直解

孔子说："人固贵于持守之定，然守一也，有见理明确，而守之不易者，叫作贞。有偏执己见而居之不移者，叫作谅。夫人察理不精，而体道不熟，鲜有不以谅为贞者。君子则审时措之宜，以端其贞一之守。"凡大而经纶显设，小而酬酢云为，义当行，则勇往直前；义当止，则特立不变。精明果确，惟归于至当而已。初未尝不顾是非，不达权变，言必于信，行必于果，而硁硁然执一己之小信也。盖贞若有似于谅，然任理而无所适莫，不可谓之谅也。谅若有似于贞，然任己而不知变通，及有害乎贞矣。贞而不谅，此君子之所以异乎人，而疑似之间，学者可不深辨乎？

【原文】

子曰："事君，敬其事而后其食。"

张居正直解

事，是职分之所当为。食，是居官的俸禄。孔子说："人臣之事君，职任虽有大小不同，莫不各有所司之事。若禄以劝功，则系乎上者，使才任其事，而即有得禄之心；或先治其事，而随有计禄之念，皆非忠也。必须一心敬谨，办理所管的事务。如有官守者，则兢兢焉思以尽其职；有言责者，则兢兢焉思以效其忠。惟求职业之无忝，委托之不负而已。至于所食之常禄，则不必以是为先，而汲汲以图之也。尽人臣志存立功，事专报主，虽死生患难，有不暇计，而况爵禄能入其心乎？"知此义者，斯可谓之纯臣矣！

【原文】

子曰："有教无类。"

张居正直解 类，是等类。孔子说："人性虽同，而气禀或异。其中有智的，有愚的；有贤的，有不肖的，种种不齐。然君子之心，惟欲使人人皆复于善而后已。"智的、愚的、贤的、不肖的，都是一般样教训化导他，何尝分别等类，而有所拣择于其间哉？盖天地无弃物，圣人无弃人，故尧舜之世，比屋可封；文武之民，遍为尔德，亦有教无类之一验也。

【原文】

子曰："道不同，不相为谋。"

张居正直解 谋，是谋议。孔子说："人必道同而后其心同，心同而后可与谋议。若各人行的道路不同，则心术异趣，意见相反，与之商量计议，必乖违而阻格矣，是岂可相与为谋哉？"凡图议国事，与讲明学术者，皆不可以不慎矣。

【原文】

子曰："辞达而已矣！"

张居正直解 辞，是词命之类。孔子说："凡宣上达下，与夫聘问酬答之类，皆必有赖于文辞，然古之为辞者，但以其意有所在，无以相通，不能不发之而为言。言之无文，行之不远，不能不修饰而为辞。是辞也者，惟取其达吾之意而已，意尽而止，何必为虚谈浮辞，而以富丽为工哉？"盖是时周末文胜，真意日漓，故孔子言此以救其弊也。

【原文】

师冕见，及阶，子曰："阶也。"及席，子曰："席也。"皆坐，子告之曰："某在斯，某在斯。"师冕出，子张问曰："与师言之，道与？"子曰："然。固相师之道也。"

张居正直解

师，是掌乐之官。冕，是乐师之名，盖瞽目人也。古时乐师多用瞽者，以其听专能审音也。昔乐师名冕者，来见孔子，孔子出而迎之。方其至阶，则告之说："这是阶。"使之知而升也。行到坐席边，则告之说："这是席。"使之知而坐也。及众皆坐定，又历举在座之人以告之说："某人在此，某人在此。"使之知同坐者姓名，便于酬对也。当时及门之徒，于夫子一言一动，无不用心省察。故师冕既出，而子张问说："师冕一瞽目之人，而夫子待之委曲周详如此，其所与之言者岂亦有道存于其间与？"夫子告之说："然。古者瞽必有相，随事而告诏之，使不迷于所从，我之所言，固相师之道也。"要之圣人矜不成人之情动于中，故扶持教导之宜详于外，乃其盛德之至，自然而然。岂作意而为之哉？而其范围曲成，欲使天下无一物不得其所之心，于此亦可见矣。

季氏第十六

【原文】

季氏将伐颛臾，冉有季路见于孔子曰："季氏将有事于颛臾。"孔子曰："求，无乃尔是过与？夫颛臾，昔者先王以为东蒙主，且在邦域之中矣，是社稷之臣也，何以伐为？"

张居正直解

季氏，是鲁大夫。颛臾，是鲁附庸之国，盖伏羲氏之后裔也。东蒙，是山名，在鲁境内。社稷，譬如说公家。昔鲁三家强横，四分公室，季氏取其二，孟孙、叔孙各有其一。独颛臾附庸之国，尚为公臣。季氏又欲举兵伐之，取以自益。时冉有、季路仕于季氏，来见孔子说："季氏将有征伐之事于颛臾。"盖此事二子与谋，其心亦有不安者，故告于孔子，以微探其可否也。孔子以二子虽同仕季氏，而冉求为之聚敛，尤为用事，故独呼其名而责之说："此事无乃是尔之过失与。夫伐人必因其衅，兵出不可无名，今颛臾之为国，乃昔者周先王封之于东蒙山下，使主其祭。苗裔传于太皞，茅土受之天朝，是不可伐也，且在我封疆之内，原非敌国外患者比，是不必伐也。况附庸于鲁，又是公家之臣，而不在季氏管辖之内，尤非所当伐也。不可伐而伐之，则不仁；不必伐而伐之，则不智；不当伐而伐之，则悖礼而犯义。然则季氏之伐之也，何为者哉？”夫子言此，所以罪季氏之不臣，而斥冉有之党恶者深矣。

【原文】

冉有曰：“夫子欲之，吾二臣者皆不欲也。”孔子曰：“求！周任有言曰：‘陈力就列，不能者止。’危而不持，颠而不扶，则将焉用彼相矣？且尔言过矣。虎兕出于柙，龟玉毁于椟中，是谁之过与？”

张居正直解 夫子，指季氏说。周任，是古之良史。陈字，解作布字。列，是位。相，是导引瞽目的人。兕，是野牛。柙，是关兽的栏槛。龟，是占卜的宝龟。椟，是柜。冉有因夫子责其伐颛臾之非，遂为自解之词，说道：“颛臾之伐，乃出于季氏之意，非我二臣所愿欲也。”夫既身与其事，而又归咎于人，冉求之文过饰非，其罪愈大矣。故夫子又呼其名而折之说：“这事你如何推得？昔周任有言说道：‘为人臣者，能展布其力，则可就其位。若有事不能赞襄，有过不能匡救，而力不得展，便当知止引去。’不宜观颜居乎其位，譬如瞽目的人，全赖那相者为之扶持，而后能免于颠危，苟倾危而不能持，颠仆而不能扶，则何用彼相者为哉？今汝为季氏之臣，伐颛臾之事，若果不欲，便当谏，谏不听，便当去；乃既不能谏，又不能去，徒观颜居位，坐视季氏之有过而不为扶持，亦将焉用汝为哉？且你推说这事情不干你事，此言差矣。比如虎兕猛兽，若不在栏槛中，走了；龟玉重宝，若不在箱柜中，坏了，固不干典守者之事。若虎兕已入于栏内，而致令走出；龟玉已收在柜中，而致令毁坏，此非典守者之责而谁与？今汝既为季氏之臣，居中用事，就如典守器物的人一般，乃任其妄为胡做，不为匡救，到这时节，却推说不是我的意思，其罪将谁诿欤？”夫子欲冉有服罪而改图，故切责之如此。

【原文】

冉有曰：“今夫颛臾，固而近于费，今不取，后世必为子孙忧。”孔子曰：“求，君子疾夫舍曰欲之，而必为之辞。丘也，闻有国有家者，不患寡而患不均，不患贫而患不安，盖均无贫，和无寡，安无倾。

张居正直解

费，是季氏的私邑。昔冉有因夫子反复折之，理屈词穷，又设词支吾说道：“季氏之欲取颛臾，非有他也，只为颛臾的城郭完固，而又近于己之费邑耳，固则在彼有难克之势。近，则在我有侵凌之虞。若失今不取，后世子孙必有受其害者，此所以不得不伐也。”冉有此言，不惟自解，且欲为季氏遮饰矣。故孔子又呼其名而责之说：“君子最恶那心里贪图利欲，却乃舍之不言，别为饰词以欺人的人。今季氏之伐颛臾，明是贪其土地人民之利，你却替他遮饰，说是为后世子孙忧，岂非君子之所深恶哉？且丘也尝闻有国而为诸侯，有家而为大夫者，不患人民寡少，而患上下之分，不得均平；不患财用贫乏，而患上下离心，不能相安。盖贫由于不均，若上下之分，既均平了，则君有君之入，臣有臣之入，各享其所当得，而彼此皆足，何贫之有？寡生于不和，若上下均平，既和睦了，则诸侯治其国，大夫治其家，各分其所当理，而不须增益，何寡之有？如此，则君之心安于上，而不疑其臣；臣之心安于下，而不疑其君。君臣相安，则衅孽不萌，祸乱不作，而自无倾覆之患矣。由此观之，有国家者，贫与寡不足患，而不均不和所当患也。汝为季氏谋，乃不务其所当务，而患其所不必患，岂计之得者哉？”

【原文】

夫如是，故远人不服，则修文德以来之。既来之，则安之。今由与求也，相夫子，远人不服而不能来也，邦分崩离析而不能守也，而谋动干戈于邦内，吾恐季孙之忧，不在颛臾，而在萧墙之内也。”

张居正直解

这“夫子”，也指季氏说。是时鲁国公室四分，家臣屡叛。所以说邦分崩离析。萧墙，是门内的屏墙，言其近也。孔子说：“为国之道，内治既修，外患自息。若能均而无贫，和而无寡，安而无倾，则不但近者悦之，虽远方之人，亦将向风慕义而来服矣。设有不服，亦不必勤兵于远，但当布教化，明政刑，益修吾之文德以怀来之。及其来归，则顺其情，因其俗，抚绥爱养，以保安之。这是柔远能迩、安定国家的大道理。今由与求也，同为季氏之辅，全无匡弼之忠。外则远人不服，既不能修文德以来之，内则国势分崩，又不能修内治以守之。而乃谋动干戈于邦内，贪远利而忽近防，上下离心，内变将作，吾恐季孙之忧，不在颛臾，而在萧墙之内矣，可不戒哉？”按夫子此章，反复论辩，虽明正门人长恶之罪，实阴折季氏不臣之心，所以强公室、杜私门者，意独至矣。

【原文】

孔子曰："天下有道，则礼乐征伐自天子出；天下无道，则礼乐征伐自诸侯出。自诸侯出，盖十世希不失矣。自大夫出，五世希不失矣。陪臣执国命，三世希不失矣。

张居正直解

希字，解作少字。陪臣，即家臣。国命，是国之命令。孔子说："天下，势而已。势在上则治，势在下则乱。礼乐征伐，乃人君御世之大柄。天下有道，君尊臣卑，体统不紊，则礼乐征伐之权，都自天子而出，礼出于天子所制，乐出于天子所作。诸侯有罪者，天子乃命将而征伐之，为臣下者，不过奉行其命而已。谁敢有变礼乐专征伐者乎？惟是天下无道，君弱臣强，下陵上替，于是礼乐征伐之权，不出自天子，而出自诸侯矣。夫上下之分明，然后民志定，而不敢相逾越。若诸侯既可以僭天子，则大夫亦可以僭诸侯。故政自诸侯出，则大夫必起而夺之，大约不过十世，鲜有不失其柄者也。大夫既可以僭诸侯，则陪臣亦可以僭大夫。故政自大夫出，则陪臣必起而夺之，大约不过五世，鲜有不失其柄者也。以陪臣之微，而操执国命，则悖逆愈甚，丧亡愈速，大约不过三世，鲜有不失其柄者矣。"考春秋之时，五伯迭兴，世主夏盟，是政自诸侯出矣；六卿专晋，三家分鲁，是政自大夫出矣；阳虎作乱，囚逐其主，是陪臣执国命矣。周天子从拥虚名，政教号令，不及于天下久矣。夫子言此，盖伤之也。然则人君威福之权，岂可使一日不在朝廷之上哉？

【原文】

天下有道，则政不在大夫。天下有道，则庶人不议。

张居正直解 这是承上章说：“天下无道，而僭乱纷纷并起者，只因朝廷之上，政失其御而已。若天下有道，乾纲振举，凡政教号令，件件都在人君掌握之中，为大夫者，虽佐理赞襄于下，然主张裁夺，都请命于上，而非其所得专也，上下相维，体统不紊，有道之世固如此。然天下大权，固当归之于上，而上之御下，又不可徒恃其势之足以服人也，必有以服其心而后可。故天下有道，则朝政清明，凡用合举措，事事都合乎天理，当乎人心，就是那庶民百姓，也都安其政令，服其教化，无有非议之言矣，议且不敢，而况敢有僭乱者乎？”然天下有公议，有私议，公议可畏也，私议不可徇也。在上者，惟自反其所为，果有背于道理，有拂乎人心，则虽匹夫匹妇之言，犹有不可忽者焉。若使其所为，一出于大公至正，而在下者，敢为私议以沮挠摇惑之，是坏法乱纪之民，刑戮之所必加也，何徇之有？此又在上者所当知。

【原文】

孔子曰：“禄之去公室，五世矣。政逮于大夫，四世矣。故夫三桓之子孙，微矣。”

张居正直解 禄，是国之赋税。公室，指鲁国说。逮，是及。三桓，是仲孙、叔孙、季孙三家。这三家都是鲁桓公的子孙，故叫作三桓。孔子说：“天下之势，有盛必有衰，而国之大柄，下陵则上替。今以鲁事观之，自文公薨，公子遂杀了子赤，立宣公为君，自是君失其政，而国之赋税，始不入于公室。历成公、襄公、昭公、定公，凡五世矣，公室衰而政权始下移于大夫。自季武子专国政以来，历悼子、平子、桓子，凡四世矣。夫政自大夫出，五世希不失者。今鲁之大夫专政，已及四世，以数计之，也是他当衰的时候了。故今三桓之子孙，都微弱而不振，固理势之必然者也。”不久，桓子果为家臣阳虎所执，孔子之言，于是乎验矣。夫政逮于大夫，宜大夫之强也，而三桓以微，可见名分不可以僭逾，大权不可以窃据，而以僭逆得之者，终当以僭逆失之耳。《书》曰：臣之有作威作福，害于而家，凶于而国。诚万世人臣之永鉴也。

【原文】

孔子曰：“益者三友，损者三友。友直，友谅，友多闻，益矣；友便辟，友善柔，友便佞，损矣。”

张居正直解

谅，是信实。便，是习熟的意思。孔子说：“人之成德，必资于友，而交友贵知所择。有益于我的朋友，有三样，有损于我的朋友，也有三样。所谓三益者，一样是心直口快、无所回护的人；一样是信实不欺、表里如一的人；一样是博古通今、多闻广记的人。与直者为友，则可以攻我之过失，而日进于善矣；与谅者为友，则可以消吾之邪妄，而日进于诚矣；与多闻为友，则可以广吾之识见，而日进于明矣，岂不有益于我乎？所以说益者三友。所谓三损者，一样是威仪习熟、修饰外貌的人；一样是软熟柔媚、阿意奉承的人；一样是便佞口给、舌辩能言的人。与便僻为友，则无闻过之益，久之将日驰于浮荡矣；与善柔为友，则无长善之益，久之将日流于污下矣；与便佞为友，则无多闻之益，久之将日沦于寡陋矣，岂不有损于我乎？所以说损者三友。”人能审择所从，于益友则亲近之，于损友则斥远之，何患乎德之无成也哉？然友之为道，通乎上下，况君德成败，乃天下治忽所关，尤不可以不谨。故日与正人居，所闻者正言，所见者正行，亦所谓益友也；与不正人居，声色狗马之是娱，阿谀逢迎以为悦，亦所谓损友也。养德者可不辨哉？

【原文】

孔子曰：“益者三乐，损者三乐。乐节礼乐，乐道人之善，乐多贤友，益矣；乐骄乐，乐佚游，乐宴乐，损矣。”

张居正直解

乐，是喜好。节，是审辨。孔子说：“凡人意有所适，则喜好生焉。然所好不同，而损益亦异。举其要者言之，喜好而有益于我的，有三件；喜好而有损于我的，也有三件。所谓好之而有益者，一是好审辨那礼之制度，与乐之声容，而求其中正和乐之则；一是见人有嘉言善行，便喜谈而乐道之；一是好广交那直谅多闻的好朋友。夫乐节礼乐，则外之可以治身，内之可以养心，而中和之德成矣；乐道人之善，则在人得为善之劝，在已有乐取之心，而人己同归于善矣；乐多贤友，则习与正人居，所闻者皆正言，所见者皆正行，而相规相劝之助多矣，岂不有益于我乎？所以说益者三乐。所谓好之而有损者，一是好骄惰淫荡，而任情于纵侈之事；一是好安佚遨游，而蝓取乎一时之快；一是好宴饮戏耍，而沉酣于杯酒之中。夫好骄乐，则侈肆而不知节，将日入于放荡矣；好佚游，则惰慢而恶闻善，将日流于怠荒矣；好宴乐，如淫溺而狎小人，久将与之俱化矣，岂不有损于我乎？所以说损者三乐。”此三益者，学者好之，则为端人正士；人君好之，则为明君圣主，可不勉哉？此三损者，学者好之，则足以败德亡身；人君好之，则足以丧家亡国，可不戒哉？孔子此言，其警人之意切矣。

【原文】

孔子曰：“侍于君子有三愆：言未及之而言，谓之躁；言及之而不言，谓之隐；未见颜色而言，谓之瞽。”

张居正直解 侍，是侍立。君子，是有德有位者之通称。愆，是过失。躁，是躁急。隐，是隐默。瞽，是无目的人。孔子说：“凡卑幼者，侍立于尊长之前，其言语应对，有三件过失，不可不知也。盖人之语默，贵于当可，有问即对，无问即默可也。若君子之言问未及于我，而我乃率尔妄言，不知谦谨，这是粗心浮气的人，所以叫作躁，是一失也；如言问已及于我，而我乃缄默无言，不吐情实，这是机深内重的人，所以叫作隐，是二失也；如或时虽可言，又要观其颜色，察其意向，然后应对不差，乃未见其颜色意向所在，只管任意肆言，这就与无目的人一般，所以叫作瞽，是三失也。”此皆心失其养，故语默失宜，招尤致辱，皆由于此。学者可不加养心之功，以为慎言之地哉？

【原文】

孔子曰：“君子有三戒：少之时，血气未定，戒之在色；及其壮也，血气方刚，戒之在斗；及其老也，血气既衰，戒之在得。”

张居正直解 色，是女色。斗，是争斗。得，是贪得。孔子说：“君子检束身心，固无所不致其戒慎，而其切要者，则有三件。方年少之时，血气未定，精神未充，其所当戒者，则在于女色。盖房帷之好，易以溺人，而少年之人，又易动于欲，此而不谨，则必有纵欲戕生之事。以此致疾而伐其性命者有之，以此败德而丧其国家者有之，故少之时，所当戒者，一也；到壮盛的时节，血气方刚，其所当戒者，则在于争斗。盖好刚使气，最人之凶德，而壮年之人，易动于气，此而不谨，则必有好勇斗狠之事，小或以一朝之忿而亡其身，大或以穷兵黩武而亡其国，故壮之时，所当戒者，又其一也；及其老也，血气既衰，精神亦倦，其所当戒者，则在于贪得，盖人当少壮之时，类能勉强自守，以要名誉，比其衰老，则日暮途穷，前无希望，而身家之念重矣。此而不谨，则必多孳孳为利之图。缙绅大夫，以晚节不终，而丧其平生者有之；有土之君，以耄荒多欲，而财匮民离者有之，故既老之所当戒者，又其一也。”盖人之嗜欲，每随血气以为盛衰，惟能以义理养其心，则志气为主，而血气每听命焉，故孔子随时而设戒如此。其实自天子以至于庶人，从少至老，皆当以三者为戒也，修己者可不警哉？

【原文】

孔子曰：“君子有三畏：畏天命，畏大人，畏圣人之言。小人不知天命而不畏也，狎大人，侮圣人之言。”

张居正直解 畏，是畏惮的意思。天命，是天所赋于人之正理。大人，是有德有位之人。圣人之言，是简册中所载圣人的言语。狎，是亵狎。侮，是戏玩。孔子说："君子小人不同，只在敬肆之间而已。君子之心，恐恐然常存敬畏而不敢忽者，有三件事。三畏维何？彼天以民彝物则之理，付畀于人，这叫作天命。君子存心养性，惟恐不能全尽天理，辜负其付畀之重，故一言一动，亦必戒谨恐惧，常如上帝鉴临一般，此其所畏者一也；至若有德有位的大人，他是能全尽天理的人，君子则尊崇其德位，而致敬尽礼，不敢少有怠慢之意，此其所畏者二也；圣人之言载在简册，句句是修身齐家治国平天下的大道理，君子则佩服其谟训，而诵说向慕，不敢少有违背之失，此其所畏者三也。这三事，都是立身行己切要的工夫，故君子常存敬畏而不敢忽焉。若夫小人冥顽无知，全不晓得义理为何物，恣情纵欲，无所不为，何知有天命之足畏乎？惟其不畏天命，故于有德位的大人，也不知其当尊，反狎视而慢待之。于圣人的言语，也不知当法，反非毁而戏玩之。"盖小人不务修身成己，甘心暴弃，故无所忌惮如此，此所以得罪于天地，得罪于圣贤，而终陷于济恶不才之归也。然此三畏，分之虽有三事，总之只是敬天而已。盖人之所以勉于为善而不敢为恶者，只因有个天理的念头在心，所以凡事点检，不敢妄为，若天理之心不存，则骄淫放逸，将何所不至乎？故尧舜兢业，周文小心，惟一敬耳。有志于事心之学者，不可不知。

【原文】

孔子曰："生而知之者，上也；学而知之者，次也；困而学之，又其次也；困而不学，民斯为下矣！"

张居正直解

困，是窒塞不通的意思。孔子说："人之资质，各有不同，有生来天性聪明，不待学习，自然知此道理的，这是清明在躬、志气如神的圣人，乃上等资质也。有生来未能便知，必待讲求习学，然后知此道理的，这样的人，禀天地清纯之气虽多，而未免少有渣滓之累，乃次一等资质也。又有始不知学，直待言动有差，困穷拂郁，然后愤悱激发而务学的，这是气质浊多清少，驳多粹少，必须着实费力，始得开明，盖又其次也。若到困穷拂郁的时节，犹安于蒙昧，不知务学以求通，这等昏愚蠢浊的人，虽圣贤与居，亦不能化，终归于凡庸而已，所以说民斯为下矣。"

【原文】

孔子曰："君子有九思：视思明，听思聪，色思温，貌思恭，言思忠，事思敬，疑思问，忿思难，见得思义。"

张居正直解

孔子说："人之一身，自视听言动，以至于待人接物，莫不各有当然的道理，但常人之情，粗疏卤莽，不思其理，故动有过差，而无以成德、成身。惟君子之人，自治详审，事事留心，约而言之，其所思者凡有九件。所谓九者，目之于视，则思视远惟明，而不为乱色所蔽；耳之于听，则思听德惟聪，而不为奸声所壅；颜色则思温和，而暴戾之不形；容貌则思恭谨，而惰慢之不设；发言则思心口如一，忠实而不欺；行事则思举动万全，敬慎而无失；心中有疑，则思问之于师，辨之于友，以解其疑惑；与人忿争，则思不忍一朝之怒，或至于亡身及亲而蹈于患难；至于临财之际，又必思其义之当得与否，如义所不当得，虽万钟不受，一介不取矣。”君子于此九者，随事而致其思如此，此所以持己接物之间，事事都合乎理，而非常人之可及也。然此九思者，其本在心，若能存养此心，使之湛然虚明，澄然宁静，则应事接物，自然当理。不然，本原之地，妄念夹杂，虽有所思，安能胜其物交之引哉？此正心诚意所以为修身之本也。

【原文】

孔子曰：“见善如不及，见不善如探汤。吾见其人矣，吾闻其语矣。

张居正直解

孔子说：“古语有云：见人有善，则欣慕爱乐之，如有所追而不及的一般，惟恐己之善不与之齐也。见人有不善，则深恶痛绝之，如以手探热汤的一般，惟恐彼之不善有浼乎己也。这样好善恶恶、极其诚实的君子，吾见今有此人矣，吾闻古有此语矣。”盖在当时如颜、曾、冉、闵之徒，皆足以及之，故夫子闻其语而又见其人也。

【原文】

隐居以求其志，行义以达其道，吾闻其语矣，吾未见其人也。

张居正直解

孔子说：“古语又云：士方未遇而隐居之时，则立志卓然不苟，把将来经纶的事业，都一一讲求豫养，而备道于一身；及遭际而行义之日，则不肯小用其道，将平日抱负的才略，都一一设施展布，而不肯负其所学。这样出处合宜、体用全备的大人，吾但闻古有此语矣，未见今有此人也。”盖此必伊尹、太公之流，乃足以当之，故夫子以未见其人为叹，其所感者深矣。

【原文】

齐景公有马千驷，死之日，民无得而称焉。伯夷叔齐，饿于首阳之下，民到于今称之，其斯之谓与？”

张居正直解 马四匹为驷。千驷，是四千匹也。伯夷、叔齐，是孤竹君之二子。孔子说：“世人多慕富贵而羞贫贱，不知富贵不足慕，贫贱不足羞也，只在人之自立何如耳。昔者齐景公以诸侯之尊享一国之奉，畜马至有千驷之多，可谓富厚之极矣。然而功业不著于时，德泽不施于众，身死之后，百姓通不思念他。考其平生，没有一善之可称，是其生为虚生，死为徒死而已，虽富贵何益乎？至若伯夷、叔齐兄弟二人，一匹夫耳。他以武王伐纣为不义，耻食周粟，逃之首阳山下，采薇而食，卒以饿死，可谓贫困之极矣。然而风节著于当时，名闻施于后世，直到于今，人还称颂他，是其身虽亡，而名则不朽矣。虽贫困何损乎？”于此见富而无德，虽王侯不见称于时，贫而自立，虽匹夫亦可传于世，然岂独景公、夷、齐为然？自古君天下为天子者多矣，《书》、《传》所载二帝、三王及汉、唐、宋英君明主，可传于后世者，亦不过十数君而已，其余皆湮灭无闻，而孔、颜以匹夫为百世之师，其他闾巷韦布之贱，以道德行谊闻于世者尤不可胜数也，然则人可徒恃其势位而不修德哉？

【原文】

陈亢问于伯鱼曰：“子亦有异闻乎？”对曰：“未也。尝独立，鲤趋而过庭，曰：‘学诗乎?’对曰：‘未也。’‘不学诗，无以言。’鲤退而学诗。”

张居正直解 陈亢，是孔子弟子。鲤，是孔子之子，字伯鱼。昔陈亢受学于孔子，不知圣人立教之公，妄以私意窥度圣人，谓必阴厚其子，因问于伯鱼说：“情莫亲于父子，教莫切于家庭，子为夫子之子，亦有传授心法，独得于所闻，而不同于群弟子者乎?”伯鱼对说：“我未尝有所异闻也。曾有一日，夫子闲居独立，我趋走而过于庭前，这时更没他人在旁，使有异教，正当于此时传授矣。夫子只问说：汝曾学《诗》否乎？我对说：未曾学《诗》。夫子因教我说：《诗》之为教，温柔敦厚，学之则心气和平，而事理通达，必然长于言语。若不学《诗》，则无以养其心气，而达于事理，欲言语应对之皆善岂可得乎？鲤于是受教而退，始学夫《诗》。凡《国风》、《雅》、《颂》，无不究其旨焉。”

【原文】

“他日又独立，鲤趋而过庭，曰：‘学礼乎?’对曰：‘未也。’‘不学礼，无以立。’鲤退而学礼。闻斯二者。”陈亢退而喜曰：“问一得三：闻诗，闻礼，又闻君子之远其子也。”

张居正直解 二者，指《诗》、《礼》而言。远，只是不私厚的意思。伯鱼又告陈亢说：“他日，夫子又尝闲居独立，我复趋走而过于庭前。这时也没他人在旁，使有异教，亦可于此时传授矣。乃夫子却又只问说：‘汝曾学《礼》否乎?’我对说：‘未曾学《礼》。’夫子因教我说：‘《礼》之为教，恭俭庄敬，学之，则品节详明，而德性坚定，必卓然有以自立；若不去学《礼》，则无以习其节文，而养其德性，欲自立于规矩准绳之中，岂可得乎？’鲤于是受教而退，始学夫《礼》。凡礼仪威仪，无不习其事焉。我之所闻于夫子者，一是学《诗》，一是学《礼》，惟此二者而已。夫《诗》、《礼》之教，固夫子之所常言者，我之所闻，亦群弟子之所共闻也，何尝有异闻乎？”于是陈亢闻言而退，深自喜幸说：“问一得一，乃理之常。今我所问者，异闻之一事耳，而乃有三事之得。闻学《诗》之可以言，一也；闻学《礼》之可以立，二也；又闻君子之教其子，与门弟子一般，全无偏私之意，三也。一问之间，有得三之益，岂非可喜者哉？”夫圣人之心，至虚至公，其教子也，固未尝徇私而独有所传，亦非因避嫌而概无所异，惟随其资禀学力所至，可与言《诗》，则教之以《诗》，可与言《礼》，则教之以《礼》焉耳，岂得容心于其间哉？陈亢始则疑其有私，终则喜其能远，不惟不知圣人待子之心，且不知圣人教人之法，陋亦甚矣。

【原文】

邦君之妻，君称之曰“夫人”，夫人自称曰“小童”，邦人称之曰“君夫人”，称诸异邦曰“寡小君”，异邦人称之亦曰“君夫人”。

张居正直解

邦君之妻，是诸侯的正妻。寡，是谦言寡德的意思。孔子尝引古礼说道：“一家之中，男正位乎外，女正位乎内，自有一定的名分，况邦君之妻，尤非常人比者，其称谓之间，岂可苟焉而已哉？故邦君称她，叫作夫人，言其与己敌体也。夫人在君前自称，叫作小童，谦言幼无知识，不敢与君敌体也。国中的人称她，叫作君夫人，言其相君以主内治者也。称之于邻国，谦作寡小君，言其寡德，而忝为小君以治内者也。邻国的人称她，也叫君夫人，以其为一国之主母，尊称之词，与本国同也。”夫以邦君之妻，一称谓之间，截然不紊如此，名实之际，可不谨哉？

阳货第十七

【原文】

阳货欲见孔子，孔子不见，归孔子豚，孔子时其亡也而往拜之，遇诸途，谓孔子曰："来，予与尔言。"曰："怀其宝，而迷其邦。可谓仁乎？"曰："不可。""好从事而亟失时，可谓知乎？"曰："不可。""日月逝矣，岁不我与。"孔子曰："诺。吾将仕矣。"

张居正直解

阳货，名虎，是季氏家臣，尝囚季桓子而专国政者。因孔子是鲁国人望，欲其来见己。孔子以货是乱臣，义不往见。阳货乃馈送孔子以蒸豚。孔子以货既加礼于己，不得不往拜以谢之，而其本心实不欲相见。于是趁他不在家的时节，乃一往拜之。盖虽不废乎报施之礼，而亦终不亏其不见恶人之义也。乃不期与之相遇于途中。怀宝是比人有道德，如怀藏着重宝一般。亟字，解作数字。阳货遇见孔子，迎而谓之说："来，我与你说话。凡人有道德则当摅其所蕴，以济时艰。如有重宝，当售之与人，不可私也。苟徒藏怀其宝而坐视国之迷乱，不为拯救，可以谓之仁乎？"孔子说："仁者心存于救世，怀宝迷邦，不可谓之仁也。"阳货又问："人之好有为者，则当乘时而出，以设施于当世。苟徒好从事，而每每坐失事机之会，可以谓之智乎？”孔子说：“智者熟察乎事机，好从事而亟失时，不可谓之智也。”阳货又说：“日月如流，一往不返，人之年岁日增，而不为我少留。及今不仕，更待何时？”孔子应之说：“及时行道，实士君子之本心，吾将出而仕矣。”阳货所言，皆讥讽孔子的意思。不知夫子抱拯溺亨屯之志，本未尝怀宝失时，而亦非不欲仕也，但不仕于货耳。故直据理答之，不复与辩。盖圣人之待恶人，不激不随如此。

【原文】

子曰：“性相近也，习相远也。”

张居正直解

孔子说：“天之生人，本同一性。虽气有清浊，质有纯驳，然本其有生之初而言，同一天地之精，五行之秀。其清而纯者，固可以为善；其浊而驳者，未必生成便是恶人。彼此相去，未为大差，固相近也。及到形生神发之后，德性以情欲而迁，气质以渐染而变。习于善的，便为圣为贤；习于恶的，便为愚为不肖。于是善恶相去，或相什佰，或相千万，而人品始大相远矣。”夫以人之善恶，系于习而不系于性如此。则变化气质之功，乃人之所当自勉者也。岂可徒诿诸性而已哉？

【原文】

子曰：“唯上智与下愚不移。”

张居正直解

这是承上章说。“人之初生，其性固为相近，然有一等气极其清，质极其粹而为上知者；有一等气极其浊，质极其驳而为下愚者。世间惟这两样人，美恶一定，非习之所能移。其在上知，是天生成的善人，虽与不善人居，不能诱之使为不善也。其在下愚，是天生成不善的人，虽与善人居，亦不能化之使为善也。善恶系于性而不系于习者，惟这两样人为然。”世间极智之人，固不常有；极愚之人亦不多见。惟半清半浊，可善可恶者最多。此变化气质之功，在中人所不容已也。然尧舜犹谨微危之畿，汤武不废反身之学，虽圣人不敢以上智自恃如此。桀纣恃其才智，荒淫暴虐，拒谏饰非，卒与下愚同辙，岂不悖哉？故曰：“气质之用小，学问之功大。”

【原文】

子之武城，闻弦歌之声，夫子莞尔而笑曰：“割鸡焉用宰牛刀。”子游对曰：“昔者偃也闻诸夫子曰：‘君子学道则爱人，小人学道则易使也。’”子曰：“二三子，偃之言是也！前言戏之耳。”

张居正直解 武城是邑名，在今山东兖州府地方。莞尔是小笑的模样。偃是子游的名。君子是有位的人。小人是细民。昔孔子行到武城县中，听得处处琴瑟歌咏之声。盖是时子游为武城宰，方以礼乐为教，故邑人皆弦歌也。夫子见当时皆不能用礼乐为治，而子游独能行之，故骤闻而深喜之。遂莞尔而笑说：“言偃所治者小邑，何必用此礼乐之大道？譬如杀鸡者，何必用屠牛之大刀乎？”子游不知夫子之意，乃对说：“昔者尝闻夫子说道，道本切于身心，人能学之，则各有所益。如在上的君子，治人者也，若使学道而有得，则能养其民胞物与之心，而推以爱人，是君子不可以不学道也。在下的小人，治于人者也，若使学道而有得，则能明乎贵贱尊卑之分，而易于驱使，是小人不可以不学道也。夫子此言，偃尝佩服之久矣。今日武城虽小，安敢鄙其民而不教之以礼乐乎?”夫子因子游未喻其意，遂呼门人而告之说：“二三子听之，言偃之言诚为当理，我前割鸡不用牛刀之言，特戏之耳。岂真谓小邑不可以大道治之哉?”盖深嘉子游之笃信，又以解门人之惑也。

【原文】

公山弗扰以费畔，召，子欲往。子路不说，曰：“末之也已，何必公山氏之之也!”子曰：“夫召我者岂徒哉？如有用我者，吾其为东周乎!”

张居正直解

公山弗扰是鲁大夫季氏之家臣，为费邑宰。末之之字，解作往字。昔鲁自文公以来，季氏世执国政，公室衰弱，君反受制于臣，如此者，四世矣。至季桓子之时，有公山弗扰者与阳虎共执桓子，遂据费邑以叛。因使人聘召孔子。孔子尝愤宗国之陵替，疾季氏之不臣，而思以匡之久矣。今幸其家臣内叛，衅起私门，傥因其可乘之隙，而运吾转移之术，则亦振鲁兴周之一机也，故因其来召而遂欲往应之。乃子路不达孔子之意，艴然不悦，说：“夫子之齐之鲁，道既不行，身无所往，亦可以止矣。何必又往应公山之召，而徒取失身之辱乎?”是不知公山弗扰之叛，乃叛季氏，非叛鲁也。孔子之欲往，非为公山弗扰，乃为鲁也。故不得已而晓之说：“今世莫我知，无能召我而用之者。今公山氏特来召我，斯其意岂徒然哉？殆必有以用我也。当此之时，如有委我以国，授我以政，而能用我者，我必将修纪纲之废坠，正名分之陵夷，举文武周公之治，而整顿于今日，使秉礼之宗国，复西京之旧俗，而鲁其为东周矣乎?”孔子自表其用世之志，以晓子路如此。而其拨乱反正之微权，转移化导之妙用，则有未易窥者。然考之春秋传，公山弗扰与季氏战，兵败奔齐，而孔子亦竟未应其召。道之将废，而鲁之终于不振也。可慨也夫！

【原文】

子张问仁于孔子。孔子曰：“能行五者于天下，为仁矣。”请问之。曰：“恭、宽、信、敏、惠。恭则不侮，宽则得众，信则人任焉，敏则有功，惠则足以使人。”

张居正直解

侮是侮慢。任是倚仗的意思。子张问为仁的道理于孔子。孔子教之说：“仁道虽大，不外于心。心德之要，凡有五件。若能于此五者，体验扩充于身心之间，推行运用于天下之大，则其心公平，其理周遍，天德全而仁在是矣。”子张因请问其目，孔子说：“所谓五者，一是恭敬，二是宽容，三是信实，四是勤敏，五是惠爱。其名虽异，都是心德之所散见，缺一不可言仁者。然五者亦人所同具，有感必通的。诚能恭以持己，则在下的人自然畏惮、尊仰而无敢侮慢矣。宽以容众，则在下的人自然心悦诚服而归服于我矣。言行一于诚信，则人都依靠着我而无所疑贰矣。行事勤敏快当，则所为无不成就而动必有功矣。恤人饥寒，悯人劳苦，而恩惠及人则感吾之恩者莫不尽心竭力，乐为我用矣，又岂不足以使人乎?”五者之效如此，汝能兼体而力行之，则天德流通，物我无间，而仁之体用皆备矣，可不勉哉？

【原文】

佛肸召，子欲往。子路曰：“昔者由也闻诸夫子曰：亲于其身为不善者，君子不入也。佛肸以中牟畔，子之往也如之何？”子曰：“然。有是言也：不曰坚乎，磨而不磷；不曰白乎，涅而不缁。吾其匏瓜也哉？焉能系而不食。”

张居正直解

佛肸是晋大夫赵简子的家臣，时为中牟宰。磷是薄。涅是染皂之物。缁是黑色。匏是大匏，味苦而不可食者。时晋室微弱，政在六卿。赵简子与范中行相攻，其家臣有佛肸者因据中牟以叛。一日，佛肸使人来召孔子，孔子即欲应其召而往见之。盖亦欲应公山弗扰之意也。子路不达而阻之说：“昔者我闻夫子有言：‘凡人有悖理乱常，亲身为不善者，君子不入其党，惟恐其浼已故也。’今佛肸据中牟以叛，正是亲为不善的人，君子当远避之不暇，而夫子乃欲往应其召，是辱身而党恶也。何自背于昔日之言乎？”孔子晓之说：“汝谓身为不善，君子不入。此言诚然，我诚有此言也。然人固有可浼者，有不可浼者。譬之于物，凡可磨而薄者，必其坚之未至者也。独不曰天下有至坚厚者，虽磨之，安能使之损而为薄乎？凡可染而黑者，必其白之未至者也。独不曰天下有至洁白者，虽染之，安能使之变而为黑乎？夫物有一定之质，尚不可变，我之志操坚白自处固已审矣，彼虽不善，焉能浼我乎哉？且君子之学，贵适于用，我岂若彼匏瓜者哉？呺然徒而悬系，而不见食于人，则亦弃物而已！何益于世哉？然则，佛肸之召，我固当有变通之微权，而君子不入之说，有不可以概论者矣。”按：孔子前于公山之召，则以东周自期，此于佛肸之召，则以坚白自信，盖圣人道大德宏，故能化物而不为物所化。若使坚白不足而自试于磨涅，则己且不免于辱，何以能转移一世乎？君子处世，审己而动可也。

【原文】

子曰：“由也，汝闻六言六蔽矣乎？”对曰：“未也。”“居，吾语汝。好仁不好学，其蔽也愚；好知不好学，其蔽也荡；好信不好学，其蔽也贼；好直不好学，其蔽也绞；好勇不好学，其蔽也乱；好刚不好学，其蔽也狂。”

张居正直解

有所遮掩叫作蔽。荡是放荡。贼是伤害于物。绞是急迫的意思。昔子路负谅直刚勇之资，而少学问陶镕之力。故孔子呼其名而问之，说：“人之偏于所向者，有一件好处，便有一样遮蔽。总之有六言，而六蔽随之。汝曾闻之否乎？”子路时方侍坐，遂起而对说：“由未之闻也。”孔子说：“汝复坐，我当一一告汝。盖天下之事，莫不有理，人必好学穷理，而后所行为无蔽。不然，则虽才质之美，制行之高亦将有所遮蔽，而无以成其德矣。如仁主于爱，本美德也，而所以用其爱者，有理存焉。若但知爱人之为美，而不好学以明其理，则心为爱所蔽，将至于可陷可罔，而人亦俱丧矣，岂不流而为愚乎？智主于知，亦美德也，而所以通其智者，有理存焉。若但知多智之为美，而不好学以明其理，则心为智所蔽，将至于穷高极远，而无所归着矣，岂不流而为荡乎？有言必信，亦美德也，而所以成其信者，有理存焉。若但知信实之为美，而不好学以明其理，则心为信所蔽，将至于期必固执，而伤害于物矣，岂不流而为贼乎？直而无隐，亦美德也，而所以行其直者，有理存焉。若但知直道之为美，而不好学以明其理，则心为直所蔽，将至于径情急迫，而无复含弘之度矣，岂不流而为绞乎？遇事勇敢，亦美德也，而所以奋其勇者有理存焉，若但以勇敢为尚，而不好学以明其理，则心为勇所蔽，必将恃其血气之强，肆行而无忌矣，岂不流于乱乎？刚强不屈，亦美德也，而所以全其刚者，有理存焉，若但以刚强为尚，而不好学以明其理，则心为刚所蔽，必将逞其轻世之志，放旷而不羁矣，岂不流于狂乎？”夫仁、智、信、直、勇、刚，六者，美行也；愚、荡、贼、绞、乱、狂，六者恶名也。人惟足己而不学，见理之不明，遂使美者化而为恶，而况其生质之不美者乎？于此见气质之用小，学问之功大。是以古之帝王不恃其聪明绝异之资，而必以讲学穷理为急，诚恐其流于过中失正而不自知也。

【原文】

子曰：“小子，何莫学夫《诗》？《诗》可以兴，可以观，可以群，可以怨。迩之事父，远之事君。多识于鸟兽草木之名。”

张居正直解

兴是兴起。观是观感。群是群聚。怨是怨恨。孔子呼门弟子而教之，说：“《诗》之为教，有益于人甚大。尔小子何不于《诗》而学之乎？盖《诗》之所言，有善有恶。学之，则善者可以为劝，恶者可以为惩。而吾心好恶之机将有勃然不能自已者，故可以兴。《诗》之所载，有美有刺。学之，则美者可以考见其得；刺者可以考见其失，而吾身行事之实，将有惕然因之感动者，故可以观。其叙述情好于和乐之中，不失夫庄敬之节。学之，则可以处群，虽和而不至于流矣。其发抒悲怨于责望之下，犹存乎忠厚之情，学之，则可以处怨，虽怨而不至于怒矣。近而家庭之间，所以事父的道理；远而朝廷之上，所以事君的道理，莫不备载于中，学之，则可以为忠臣孝子，而大伦克尽矣。且其情景所发，或因鸟兽以起兴，或托草木以寓言，其中称名不一，取类至繁。学之，则可以多识鸟兽草木之名，而小物亦察矣。夫《诗》之有益于人如此，尔小子岂可以不学乎哉?”然诗之为教，不但学者所当诵习也，《关雎》、《麟趾》为风化之原，《凫鹥》、《既醉》乃太平之福。《天保》以上，所以治内；《采薇》以下，所以治外，王道莫备于斯矣，为人主者，亦不可以不究心焉。

【原文】

子谓伯鱼曰：“女为《周南》、《召南》矣乎？人而不为《周南》、《召南》，其犹正墙面而立也与?”

张居正直解

为，是习学。《周南》、《召南》是《诗经·国风》之首篇。昔周文王与其后妃俱有圣德修身、齐家以令于国中，又使周公治陕以西，召公治陕以东。由是风化自北而南，远被于江汉之域，故诗人咏歌其事。《周南》之诗，自《关雎》以下，言文王后妃闺门之化行于南国也。《召南》之诗，自《鹊巢》以下，言南国诸侯夫人与大夫之妻皆被文王后妃之化而成德也。孔子教其子伯鱼说：“汝尝学夫《周南》、《召南》之诗矣乎？盖《周南》、《召南》两篇所言皆修身、齐家之事，于人伦日用，最为切要。学者须把这两篇诗，讲诵玩味，身体力行，乃为有益。人若不学《周南》、《召南》则无以正性情，笃伦理。身且不知修，家且不知齐矣，安望其能经邦而济世，化民而易俗哉？譬如正对着墙面站立的一般，咫尺之地，隔碍障蔽，一物无所见，一步不可行矣，况其远者乎？”甚哉，二南之切于人，不可以不学也。然《大学》说：“自天子以至于庶人，壹是皆以修身为本。”人君一身，乃万国之仪刑，未有不修身齐家，而可以治国平天下者。则二南之诗，岂独为学者之所当习哉？

【原文】

子曰：“礼云礼云，玉帛云乎哉？乐云乐云，钟鼓云乎哉？”

张居正直解

孔子见世之用礼乐者，专事其末，而不知探其本也。故发此论说道：“先王制礼以交神、人，恰上下，固未有不用夫玉帛者，然必先有个恭敬、诚悫的意思存之于中，然后用玉帛以将之。若无是敬，则虽玉帛交错，不过虚文而已。然则，所谓礼云礼云者，岂徒玉帛云乎哉？先王作乐以养民德，导民和，固未有不用夫钟鼓者，然必先有个欣喜欢爱的意思蕴之于心，而后用钟鼓以宣之。若无是和，则虽钟鼓铿锵，不过虚器而已。然则所谓乐云乐云者，岂徒钟鼓云乎哉？”盖先王以礼乐教天下，皆本之和敬之实德，而发之于仪文节奏之间，后世徒事于文，而不求其本，故孔子叹之如此！

【原文】

子曰：“色厉而内荏，譬诸小人，其犹穿窬之盗也与？”

张居正直解 厉是威严。荏是柔弱。穿窬是剜墙凿壁为窃盗之事者。孔子说："人必表里相符，然后可谓之君子。今有人焉，观其外貌，则威严猛厉，似乎确然有守，毅然有为的人，而内实懦弱，见利而动，见害而惧，全无执持刚果的志气。这等的人中实多欲，而貌与心违，譬之小人，就如盗窃一般。黑夜里剜墙凿壁偷了人家财物，外面却假装个良善的模样，惟恐人知，岂不可耻之甚哉？"孔子深恶作伪之人，故儆之如此。

【原文】

子曰："乡原，德之贼也。"

张居正直解 原字当作"愿悫"的愿字，是谨厚的意思。乡愿是乡俗中一样软滑的人。人都称为谨厚，所以叫作乡愿。贼字，释作害字。孔子说："人之有德者为君子，悖德者为小人，不难辨也。惟有一样人，名为乡愿者，居之似忠信，而非忠信，行之似廉洁，而非廉洁，自处柔佞而不肯立异，其待人软熟而惟求取悦，是以人人都道他好。这样人似德非德而反乱乎德，乃德之害也。"盖行合乎道之中，事出乎理之正，这才叫作德，今乡愿不顾道理之是非，只图流俗之喜悦。人见他以此得人心、取声誉，便都慕效他，以是为德，而不复知有大中至正之道，其惑人心、坏风俗，岂不甚乎？所以说乡愿德之贼也。

【原文】

子曰："道听而途说，德之弃也！"

张居正直解

道途都是人行的路。孔子说："人之实心为学者，于凡天下道理，或得之师友之所传授，或考诸典籍之所记载，就便存之于心，身体而力行之，以求实德于己，方为有益。若有所闻而不体会于心，只把来放在口中谈论讲说，这是入耳出口之学。譬如道路上听了一句言语，就在途路上与人说了。如此，则虽闻善言，不过以资口说而已，何能有诸己哉？所以说德之弃也。"

【原文】

子曰："鄙夫可与事君也与哉？其未得之也，患得之；既得之，患失之。苟患失之，无所不至矣。"

张居正直解

鄙夫是庸恶陋劣之人。患是忧患。孔子说："为人臣者，必有忘身之诚，而后可以语事君之义。有一等鄙夫，其资性庸恶，全无忠义之心，识趣陋劣，又乏刚正之节，若此人者，岂可使之立于朝廷之上而与之事君也与哉？何也，盖所贵于事君者，惟知有君而不知有身也。乃鄙夫之心只知有富贵权力而已。方其权位之未得，则千方百计徼幸营求，汲汲然惟恐其不得之也。及其权位之既得，则千方百计系恋保守，兢兢然惟恐其或失之也。夫事君而一有患失之心，则凡可以阿意求容，要结固宠者，将何事不可为乎？小则卑污苟贱，丧其羞恶之良；大则攘夺凭陵，陷于悖逆之恶，皆生于此患失之一念而已，以此人而事君，其害可胜言哉？"然君臣之义本无所逃，而忠君爱国之臣，亦鲜不以得君为念者，但忠臣志在得君，鄙夫志在得禄。忠臣得君，志在任事，鄙夫得君，志在窃权。心术之公私少异，而人品之忠奸顿殊，明主不可不察也。

【原文】

子曰：“古者民有三疾，今也或是之亡也。古之狂也肆，今之狂也荡；古之矜也廉，今之矜也忿戾；古之愚也直，今之愚也诈而已矣。”

张居正直解

疾字，解作病字。凡人气失其平，则致病，故人之气质有偏者，亦谓之病。亡字与有无的无字同。狂是志愿太高的人。肆是不拘小节。荡是放荡。矜是持守太严的人，即狷者也。廉是棱角峭厉。忿戾是忿争乖戾。愚是昏昧不明的人。直是直憨。诈是虚诈。孔子叹说：“人之气禀中和者少，偏驳者多。一有偏驳，则行有疵病而谓之疾。然古之时，风气纯厚，其中虽有三样资禀偏驳、过中失正的人，然皆质任自然，本真犹未甚凿也。今则淳者日入于漓，厚者日趋于薄，不但气禀中和者绝不复见，就是那三样病痛的人，或者也没有了。盖古之人，有志愿太高，锐意进取的，这是狂之疾。然其狂也，不过志大言大，不拘小节，肆焉耳矣。若今之所谓狂者，则不顾礼义之大闲，纵放于规矩之外，而流于荡矣。古之人有赋性狷介，持守太严的，这是矜之疾。然其矜也，不过立崖岸，有棱角，示人以难亲，廉焉耳矣。若今之所谓矜者，则逞其刚狠之气，动至与人乖忤，而流于忿戾矣。古之人，有资识鲁钝，暗昧不明的，这是愚之疾。然其愚也，不过任性率真，径行自遂，直焉耳矣。若今之所谓愚者，则反用机关，挟私妄作，而流于诈矣。”夫狂而肆焉，矜而廉焉，愚而直焉，此虽气质之偏，而本真未丧。若加以学问磨砻之功，其病犹可瘳也。至于肆变而荡，廉变而忿戾，直变而诈，则习与性成，将并其疾之本然俱失之矣，欲复乎善，岂不难哉？所以说，古者民有三疾，今也或是之亡也。夫子此言，盖深叹时习之偷，而望人以学问变化之功者至矣。

【原文】

子曰："恶紫之夺朱也，恶郑声之乱雅乐也，恶利口之覆邦家者。"

张居正直解

朱是正色。紫是间色。郑声是郑国之音。雅是正。利口是巧言辩给之人。覆是颠覆。孔子说："天下之理，有正则有邪，而邪每足以害正。如色以朱为正，有紫色一出，其艳丽足以悦人之目，于是，人皆贵紫而不贵朱，而朱色之美反为所夺，故所恶于紫者，为其能夺朱也。乐以雅为正，自郑声一出，其淫哇足以悦人之耳，于是人皆听郑声而不听雅乐，而雅音之善，反为所乱，故所恶于郑声者，为其能乱雅乐也。至若事理之是非，人品之贤与不肖，本自有一定之论，乃有一种利口的人，把是的说作非，非的说作是，贤的说作不肖，不肖的说作贤，其巧言辩答足以惑乱人意，耸动听闻，人主不察而误信之，必至于举动错乱，用舍倒置，正人远去，小人得志，而邦家之颠覆不难矣。然则，利口之所以可恶者，岂非以其能覆邦家也哉？"按：孔子此言，其意专恶利口之人，借紫与郑声为喻耳。从古至今，邪佞小人谗害正直，倾覆国家者不可悉数，如费无忌、江充之流，虽父子兄弟、骨肉至亲亦被其陷害，况臣下乎？是以，大舜疾谗说殄行。《大学》说："屏诸四夷，不与同中国。”盖畏其流祸之惨毒，故深恶而痛绝之也。人君之听言，可不戒哉？可不畏哉？

【原文】

子曰：“予欲无言！”子贡曰：“子如不言，则小子何述焉？”子曰：“天何言哉？四时行焉，百物生焉，天何言哉？”

张居正直解

述是传述。昔孔门学者，多求圣人之道于言语之间，而不知体认于身心之实。故孔子警之说道：“天下之道，以有言而明，亦以多言而晦。我自今以后，要默然无言矣。”子贡正以言语观圣人者，即疑而问之说：“天下道理，全赖夫子讲明，然后门弟子得以传述。若夫子不言，则门人小子何所闻而传述之乎？”孔子晓之说：“子谓道必以有言而后传，独不观诸天乎？今夫天，冲漠无朕，何尝有言哉？但见其流行而为四时，则春、夏、秋、冬往来代谢，而未尝止息也。发生而为百物，则飞、潜、动、植，因物赋形，而无所限量也。是天虽不言，而其所以行，所以生，则冥冥者实主之。盖造化之机缄，固已毕露于覆载之间矣，亦何俟于言哉？观天道以无言而显，则我之教人，固亦无俟于言矣。”盖圣人一动一静，莫非妙道精义之发，正与天道不言而成化一般，学者熟察而默识之，自有心领而神会者，岂待求之于言语之间乎？故孔子前既以无行不与之教示门人，此又以天道不言之妙喻子贡，其开示学者，可谓切矣。

【原文】

孺悲欲见孔子，孔子辞以疾，将命者出户，取瑟而歌，使之闻之。

■ 张居正直解

孺悲是鲁人，尝学士丧礼于孔子。一日来求见孔子。想当时必有得罪处，故孔子不欲与之相见，而托言有疾以辞之。然既辞以疾矣，又恐其不悟，乃俟传命者方出户，即取瑟而弦歌之，使孺悲闻而知其非疾焉。夫孔子于孺悲之见，本非疾也，而辞以疾绝之也。既辞以疾矣，又使之知其非疾，警之也。使孺悲苟能省其过而迁于善焉，圣人亦其终绝之乎？此所谓不屑之教诲也。

【原文】

宰我问："三年之丧，期已久矣。君子三年不为礼，礼必坏；三年不为乐，乐必崩。旧谷既没，新谷既升，钻燧改火，期可已矣。"子曰："食夫稻，衣夫锦，于汝安乎？"曰："安。""汝安则为之。夫君子之居丧，食旨不甘，闻乐不乐，居处不安，故不为也。今汝安，则为之。"宰我出，子曰："予之不仁也。子生三年，然后免于父母之怀。夫三年之丧，天下之通丧也。予也有三年之爱于其父母乎？"

■ 张居正直解

宰我是孔子弟子，名予。周一岁为期。燧是镄火之木。古人镄木取火，四时各有所宜。春取榆柳之火，夏取枣杏之火，秋取柞楢之火，冬取槐檀之火，故叫作镄燧改火。已是止。怀是抱。宰我问于孔子说："古礼，人子居父母之丧，必以三年为制。以予观之，礼贵通变，但持丧一年亦已久矣，何必三年？盖君子三年在哀经之中，不去习礼，则礼节疏旷，而礼必坏矣；三年在哀戚之中，不去习乐，则音律废弛，而乐必崩矣。以虚文而妨实学，何益之有哉？若以期年而言，谷之旧者既没，新者又登，而物候为之一变。钻木取火，木既更而火已改，而天运为之一周。人子哀痛之情至是亦已尽矣，丧不可以止乎？”夫短丧非宰我之本意，但有疑于古礼之难行，因设此问耳。孔子诘之说：“三年之丧，食必蔬食，衣必衰麻，礼也。你说期年可止，则自期年之后，便当舍蔬素而食稻，释衰麻而衣锦，于汝心能自安乎？”宰我不察而直应之说：“安。”则昧其本心之良矣。孔子遂责之说：“凡人有所不为，只为心上不安耳。汝既安于食稻衣锦，则期年之丧，任汝为之矣。夫礼因人情而生者也，君子居父母之丧，哀痛迫切，口食旨味而不以为甘，耳闻音乐而不以为乐，身之居处，卧苫枕块，而不即安便，惟其心有所不忍，故不肯为食稻衣锦之事也。今汝既以食稻衣锦为安，则期年之丧，何不可为乎？”孔子此言，所以绝之者至矣。及宰我既出，孔子又惧其真以为可安而遂行之也，乃复深探其本而斥之说：“人未有不爱其亲者，宰予何其爱亲之薄而不仁也。夫父母之丧，所以必三年者，正以子生三年，然后能免于父母之怀抱，故丧必以三年为期，以少尽其报称之情耳！自天子至于庶人，无一人不本于父母，则无一人不有此丧服，是三年之丧，乃天下之通丧也。予亦人子也，宁独无三年之恩爱于其父母乎？今乃谓亲丧可短，则何其薄亲之甚哉？”孔子此言，欲宰我闻之，反求而得其本心也。夫子于父母，终身慕之，岂谓三年之丧足以尽其心乎？盖先王因人情而为之节文，使贤者可以俯而就，不肖者得以企而及耳。宰予不求先王制礼之意，而徒欲任情以为礼，故孔子责之如此！盖以垂教万世也。

【原文】

子曰："饱食终日，无所用心，焉矣哉！不有博弈者乎，为之犹贤乎已。"

张居正直解

博是居戏。弈是围棋。贤是胜。已是止。孔子说："吾人日用之间，莫不各有当为之事，必知所用心而后能有成也。设使终日之间，优游放旷，惟知餍饱饮食而已，于凡义理所当讲求，职业所当修举者，一无所用其心。如此之人，神昏志惰，把光阴都虚度了，一事无成，百事皆废，欲以入德而成人，岂不难哉？不有居戏围棋而博弈者乎？这等的人虽所为非正，然其心未尝无事也，较之悠悠荡荡，全然无所用心者，岂不犹为胜乎？"孔子此言，非以博弈为可为，特甚言无所用心之不可耳。盖人之一心常运用斯常精明，是以尧舜兢业，大禹孜孜，文王日昃不遑暇食。古之圣人岂好为是焦劳哉？诚以心易放而难收，一念不谨，则庶事隳而天工旷，其关系治乱，非细故也。明主宜深省于斯。

【原文】

子路曰："君子尚勇乎？"子曰："君子义以为上，君子有勇而无义为乱，小人有勇而无义为盗。"

张居正直解

尚是崇尚。昔子路好勇，故问于孔子说："君子为人，亦尚刚勇否乎？"孔子教之说："君子之人惟以义为上而已。盖义者事物之权衡，立身之主宰，是以君子尚之。义所当为则必为；义所不当为则不为。虽万钟千驷，有弗能诱；虽刀锯鼎镬，有所弗避，乃天下之大勇也。至于血气之勇，岂君子之所尚者乎？盖以血气为勇，非勇也，使在位的君子徒知有勇，而无义以裁制之，则必将倚其强梁，逆理犯分，或无故而自启衅端，或任情而妄生暴横，至于悖乱不止矣。使在下的小人，徒知有勇，而无义以裁制之，则必将逞其凶狠，放荡为非，小而草窃奸宄，大而贼杀剽夺，不流于盗贼不止矣。是人之大小尊卑虽不同，苟不义而勇，无一可者也，然则，勇何足尚乎哉？”孔子因子路好勇而无所取裁，故深救其失如此！

【原文】

子贡曰：“君子亦有恶乎？”子曰：“有恶。恶称人之恶者，恶居下流而讪上者，恶勇而无礼者，恶果敢而窒者。”曰：“赐也亦有恶乎？”子贡曰：“恶徼以为知者，恶不孙以为勇者，恶讦以为直者。”

张居正直解

下流是在下卑贱之人。讪是谤毁。窒是窒塞不通。徼是伺察。讦是攻发人之阴私。子贡问于孔子说：“君子于人无所不爱，岂亦有所恶者乎？”孔子教之说：“好恶，人之同情，君子岂无所恶乎？其所恶者有四：其一，恶那样刻薄的人，专喜称扬人之过恶，全无仁厚之意者。其一，恶那样忿戾的人，身居污下之地而谤毁君上，非毁尊长，无忠敬之心者。其一，恶那样强梁的人，好刚使气，徒恃其勇而不知礼让，至于犯上而作乱者。其一，恶那样执拗的人，临事果敢，率意妄为而不顾义理，往往窒塞而不通者。凡此，皆人心之公恶，故君子恶之也。”孔子因问子贡说：“汝赐也亦有所恶乎？”子贡对说：“赐之所恶者有三，其一，恶那样苛刻的人，本无照物之明，乃窃窃焉伺察人之动静，而自以为智耳。其一，恶那样刚愎的人，本无兼人之勇，徒悻悻然凌人傲物，而自以为勇者。其一，恶那样偏急的人，本无正直之心，专好攻讦人之阴私，而自以为直者。赐之所恶，如此而已。”由此观之，圣贤所恶，虽有不同，而以忠顺长厚之道望天下，其意则一而已。盖天下之患，常始于轻薄恣睢之徒，横议凭陵，而纪纲风俗，遂因之以大坏。明主知其然，故务崇浑厚以塞排诋之端，揽权纲以消悖慢之气。故谗慝无所容，而凶人自伏也！审治体者宜辨之。

【原文】

子曰：“唯女子与小人为难养也，近之则不逊，远之则怨。”

张居正直解

小人是仆隶下人。近是狎昵的意思。远是疏斥的意思。孔子说：“天下的人，惟有妇人女子与仆隶下人最难畜养。何以言之？常情于这两样人，不是过于用恩，狎昵而近之，便是过于用严，疏斥而远之。若是昵近他，他便狎恩恃爱，不知恭逊之礼，是近之不可也；若是疏远他，他便失去所望，易生怨恨之心，是远之不可也，此其所以难养也。诚能庄以临之，慈以畜之，则既有以消其怙恃之心，又有以弥其愤恨之意，何怨与不逊之足患乎？”

【原文】

子曰：“年四十而见恶焉，其终也已。”

张居正直解

孔子说：“人年四十，乃是成德之时。前此，而年力富强，正好加勉。过此，则神志衰怠，少能精进矣。若于此时，而犹有过恶见憎恶于人，则善之未迁者，终不及迁，过之未改者，终不及改，亦止于此而已，可不惜哉?”这是孔子勉人及时进修的意思，人能以此自警于心，虽欲一时不汲汲学问，以求日新其德业，不可得矣。

微子第十八

【原文】

微子去之，箕子为之奴，比干谏而死。孔子曰：“殷有三仁焉。”

张居正直解

微子是商纣之庶兄，箕子、比干是纣叔父。当理而无私心叫作仁。昔纣为无道，其国将亡。微子进谏不听，恐一旦被祸，绝了商家宗祀，遂引身而去之。箕子谏纣不听，被纣囚系为奴，因佯狂而受辱。比干直言极谏，犯纣之怒，被纣杀之，剖其心以死。此三人者同为纣之亲臣，而或去，或不去，或以死，行各不同。孔子从而断之说：“殷有三仁焉。”盖论人者不当泥其迹而当原其心。三人者就其迹而观之，虽有不同，原其心而论之，则其忧君爱国之忠，至诚恻怛之意，一而已也。其去者欲存宗祀，非忘君也，奴者欲忍死以有待，非惧祸也。死者欲正言而悟主，非沽名也，所以说，殷有三仁焉。盖自孔子之论定，而三子之心，始白于天下后世矣。大抵人臣之义，莫不愿世平主圣，服休宠而保荣名者，不得已而逃遁、而囚辱、而杀身，则所遇之不幸耳。向使纣有纳谏之美，而三仁者得效其进谏之忠，相与救过图存，则商祀未宜遽绝也，乃拒谏饰非，淫威以逞，卒之三仁去而殷国墟，岂不可为永鉴哉？

【原文】

柳下惠为士师，三黜。人曰：“子未可以去乎？”曰：“直道而事人，焉往而不三黜？枉道而事人，何必去父母之邦？”

张居正直解 柳下惠是鲁之贤人。士师是掌刑狱的官。三黜是屡遭罢斥。父母之邦指鲁国说。昔柳下惠为鲁士师之官，屡被退黜。人或有讽之者说：“子屡摈不用如此，尚未可以去而之他国乎？”言其道不合则当去也。柳下惠答说：“我之所以屡被罢黜者，只因我直道而行，不能屈己以随人耳！今世之人，谁不悦佞而恶直？若我守定这正直之道以事人，则到处为人所恶，何所往而不被其退黜？若我肯阿意曲从，枉己以事人，则到处为人所喜，只在我鲁国亦自安其位了，又何必远去父母之邦乎？”柳下惠以此解或人之言，盖自信其直道而行，不以三黜为辱也。要之，衰世昏乱，故正直见恶于时，惟治朝清明，斯君子得行其志，是以有道之君于秉公持正者，必崇奖而保护之，倾险邪媚者，必防闲而斥远之，则众正之路开，而群枉之门杜矣！

【原文】

齐景公待孔子，曰：“若季氏则吾不能，以季孟之间待之。”曰：“吾老矣，不能用也。”孔子行。

张居正直解 昔孔子适齐。齐景公素知孔子之贤，因与其臣商量待孔子的礼节，说道：“鲁有三卿，季氏最贵，鲁君待之极隆。我今要把鲁君待季氏的礼待孔子，似为过厚，则我有所不能。若把鲁君待孟氏的礼待他，于礼又简，有所不可。就中斟酌，当以季、孟之间待之，固不至如季氏之隆，亦不至如孟氏之简，庶几其可乎？但惜我年已衰老，不能用其道矣。”夫孔子至齐，本为行道，既不能用其道，而徒拟议于礼节之间，则已虚拘焉耳。盖不合则去，一重道之义也。

【原文】

齐人归女乐，季桓子受之，三日不朝，孔子行。

张居正直解 季桓子是鲁大夫，名斯。鲁定公时，孔子为司寇，三月而鲁国大治。齐人惧其为霸，因设计选好女子八十人，皆衣文衣，乘文马，舞康乐以馈送鲁君，欲以惑乱其心，阻坏其政。鲁君果中其计，与同季桓子再三游观，悦而受之。于是荒于声色，怠于政事，三日不复视朝，则其简贤弃礼，不足与有为可知，故孔子行。盖礼貌衰则去，一见几之明也。合前章而观，景公知好贤矣，而耄倦于勤，好之而不能用，定公能用之矣，而中荒于欲，用之而不能终，无怪乎二国之不兢也。

【原文】

楚狂接舆歌而过孔子曰：“凤兮凤兮，何德之衰。往者不可谏，来者犹可追。已而已而，今之从政者殆而。”孔子下，欲与之言，趋而避之，不得与之言。

张居正直解 接舆，是楚之狂士。昔周之衰，贤人隐遁。接舆盖亦佯狂以避世者也。殆字，解作危字。

下，是下车。辟，是躲避。昔孔子周流至于楚地，楚之狂人接舆者，口中唱歌而行过孔子之车前说："凤兮，凤兮，何德之衰？说凤凰是灵鸟，能审时知世，有道则见，无道则隐，所以为稀有之祥瑞。如今是什么时候，乃出现于世，是何其德之衰而不知自重耶！然既往之事，虽不可谏止，从今以后，尚可以改图，趁此之际，可以止而隐去矣。我观今之出仕而从政者，非惟不能建功，且将至于取祸，亦岌岌乎危殆而难保矣，于此不止，安得谓之智乎？"接舆之意，盖以凤鸟比孔子，而讥其不能全身以远害也，然以避世为高，而不以救时为急，则其趋向之偏甚矣。孔子时在车中闻其歌词，知其为贤人，故下车来欲与之讲明君臣之大义，出处之微权。而接舆自以为是，不肯接谈，遂趋走避匿，孔子竟不得与之言焉。盖圣人抱拯溺亨屯之具，而又上畏天命，下悲人穷，是以周流列国，虽不一遇，而其心终不能一日忘天下也。彼接舆之徒，果于忘世，往而不返，何足以语此哉？

【原文】

长沮桀溺耦而耕，孔子过之，使子路问津焉。长沮曰："夫执舆者为谁？"子路曰："为孔丘。"曰："是鲁孔丘与？"曰："是也。"曰："是知津矣。"

张居正直解

长沮、桀溺都是人姓名，盖亦贤而隐者也。二人相并为耦。津是河边渡口。执舆是执辔在车。昔孔子自楚反蔡，子路御车而行。适遇隐士二人。一个叫作长沮，一个叫作桀溺。两人并耕于野。孔子经过其地，将欲渡河，不知渡口所在，因使子路下车而问于长沮。长沮问说："那坐在车上执辔的是谁?”子路对他说:“是孔丘。”长沮素知孔子之名,因问说:“是鲁国之孔丘与?”子路对说:“是也。”长沮遂拒之说:“问者不知,知者不问。既是鲁之孔丘,他游遍天下,无一处而不到,于津渡所在,必已知之久矣,又何必问于我哉?”其意盖讥孔子周流而不止也。

【原文】

问于桀溺,桀溺曰:“子为谁?”曰:“为仲由。”曰:“是鲁孔丘之徒与?”对曰:“然。”曰:“滔滔者天下皆是也,而谁以易之。且而与其从避人之士也,岂若从避世之士哉?”犹而不辍。

张居正直解

滔滔是流而不及之意。易是变易。于此不合,去而之他国,叫作辟人之士。高蹈远举,与世相违,叫作辟世之士。耰是田器,所以扒土覆种者。辍是止。子路问津于长沮,长沮不肯告。因又问于桀溺,桀溺问说:“你是谁?”子路说:“我是仲由。”桀溺素闻孔子弟子有仲由者,因问说:“是鲁国孔丘之徒与?”子路对说:“然。”桀溺遂责之说:“人贵识时,我看如今的世道,愈趋愈下,如流水滔滔,不可复反。举一世而皆然,其乱极矣!若要易乱为治,易危就安,将谁与转移之乎?今汝之师,今日之齐,明日之楚,不合于此,又求合于彼,是乃辟人之士,亦徒劳而已。你与其从着那辟人之士,奔走而无成,岂若从我辟世之士,离尘远俗,优游而自乐哉?”语毕,遂自治其田事,耰而不止,亦不告以津处。其拒之也深矣!

【原文】

子路行以告,夫子怃然曰:“鸟兽不可与同群,吾非斯人之徒与而谁与？天下有道，丘不与易也。”

张居正直解 怃然是怅然叹息的意思。子路问津于长沮、桀溺而不见答，反被其讥讽，于是还以二人之言告于孔子。孔子惜其不喻己意，乃怃然叹息说：“彼谓辟人不如辟世，则必高飞远举，不在人间方可耳。殊不知人生天地间，鸟兽既是异类，不可与之同群。若斯人者，固与我并生并育，同一气类，吾不与之为群而谁与哉？既与之为群，则不可绝人逃世以为洁矣！他说天下无道，谁与易之？不知我之所以周流不息，正为天下无道，故欲出而变易之也。若使天下有道，世已治，民已安，则固无用我之变易，而我岂乐于多事哉？彼二子者其亦不谅我之心矣！”盖天生圣贤本为世道计。故古之圣人，民饥则曰已饥，民溺则曰已溺。一夫不获，则曰已辜。其忧时悯世，非但其心之不容已，亦其责之不可辞耳，使如沮、溺之言，则安危理乱邈不相关，生民将何所托命乎？有世道之责者，宜加意焉。

【原文】

子路从而后，遇丈人，以杖和蓧，子路问曰：“子见夫子乎?”丈人曰：“四体不勤，五谷不分，孰为夫子?”植其杖而耘。子路拱而立，止子路宿，杀鸡为黍而食之，见其二子焉。

张居正直解 丈人是老人。蓧是竹器。去草叫耘。昔孔子周流四方，子路随行，偶相失在后，于田间遇一老人，以拄杖挑着竹器。子路问说：“你曾见我师夫子否?”丈人不对而直责之说：“汝于四体，则不知勤劳耕作以自食其力；于五谷，也不能分辨其孰为稻，孰为黍稷，孰为麦菽。舍其农业而从师远游，却来问汝夫子于我，我知谁是你的夫子?”遂植立其杖，而自于田间耘草，更不答他。子路闻丈人之言，知其为贤人也，遂竦然起敬，拱手而立。丈人见子路改容相待，亦为之感动，遂留子路宿于其家，杀鸡造饭以管待之，又令其二子出见，叙长幼之礼焉。盖春秋之时，天下无道，贤人隐遁，而孔氏之徒独周游四方，欲以行道济时，故动而见沮如此，可以观世矣!

【原文】

明日，子路行以告，子曰：“隐者也。”使子路反见之，至则行矣。子路曰：“不仕无义。长幼之节，不可废也。君臣之义，如之何其废之。欲洁其身，而乱大伦。君子之仕也，行其义也，道之不行，已知之矣。”

张居正直解

子路遇丈人之次日，前行追及孔子。把丈人责己之言，相待之礼，一一告知。孔子说：“观此人的言语行事，乃贤而隐遁者也。惜其不明出处之大道耳。”因使子路复回见之，欲晓然告以君臣之义，及至其家，而丈人已先出，不得相遇矣。子路乃就夫子之意，说道：“君臣之义无所逃于天地之间。人臣事君，义所当然也。若不仕，则是无君臣之义矣。夫君臣、长幼并列于五伦，而君臣为尤大。丈人昨使其二子出见，是于长幼之节，既知其不可废矣，至于君臣之大义，却何其独废之耶？今汝以隐为高，不过欲全生避世，归洁其身而已。不知一身虽洁，而君臣之义，从此遂废，寔有乱乎人之大伦矣，大伦岂可乱者乎？故君子之出而事君，岂是要图富贵？盖欲行此君臣之义耳。若夫衰世难挽，明君难遇，道之不行，我岂不知？但恐废义而乱伦，有不忍恝然者耳。丈人何其见之固哉！大抵接舆、沮、溺、丈人之徒，皆明于保身，而昧于行义，故往往是己见而非圣人。不自知其陷于一偏，害义而伤教也。”是以，夫子每倦倦接引，各因其明以通其蔽，所以扶世教而正人心者，意独至哉！

【原文】

逸民，伯夷、叔齐、虞仲、夷逸、朱张、柳下惠、少连。子曰：“不降其志，不辱其身，伯夷、叔齐与？”谓柳下惠、少连：“降志辱身矣。言中伦，行中虑，其斯而已矣。”谓虞仲、夷逸：“隐居放言，身中清，废中权。”“我则异于是，无可无不可。”

张居正直解

逸民，是隐逸高尚的人。虞仲，即周太王次子，仲雍与泰伯同窜荆蛮者。伦是义理之次第。虑，是思虑。记者说，古时隐逸高尚之士，可以考见者七人，如伯夷、叔齐、虞仲、夷逸、朱张、柳下惠、少连是也，然七人者，志节虽同，而制行则异。孔子一一而品评之说：“立志高而不肯少有贬屈，持身洁而不肯少有污染，其伯夷、叔齐欤？观他非其君不事，非其民不使，不立恶人之朝，不与恶人言，峻节清风，何凛凛也！若夫柳下惠、少连，则和同混俗，于人无忤。虽降屈其志，卑辱其身，有弗惜者，其出言则合乎伦理，行事必当乎人心，以之处世，如此而已矣，不为过高绝俗之行也。至于虞仲、夷逸则行不必其中虑，而隐居以自适；言不必其中伦，而放言以自废矣，然虽隐居独善，而洁身不污，合乎道之清，虽放言自废，而韬晦得宜，合乎道之权。盖与矫异之士，害义伤教者不同矣，然此七人者，其行虽洁，其志虽高，而未免有执一之病也。在夷、齐、虞仲、夷逸，则以绝世离俗为可，而以和光同尘为不可；在柳下惠、少连则以和光同尘为可，而以绝世离俗为不可。各是其是，各非其非，都先有个主意在，其见偏矣！若我则异于是，可仕，则仕；可止，则止，用之则行，舍之则藏。因时制宜，不胶于一定，固无所谓可，亦无所谓不可也，此我所以异于逸民欤。要之，七人之心有所倚，故止成其一节之高，圣人之心无所倚，故优入于时中之妙。所以说，观乎圣人，则见贤人，凡行己处世者，当知所取法矣！

【原文】

太师挚适齐，亚饭干适楚，三饭缭适蔡，四饭缺适秦，鼓方叔入于河，播鼗武入于汉，少师阳、击磬襄入于海。

张居正直解

太师是乐官之长。古时国君每食，必作乐以侑食，故有亚饭、三饭、四饭之名。少师是乐官之佐。鼓、播鼗、击磬都是掌乐器的官。齐、楚、蔡、秦、河、汉、海都是地名。鲁自三家僭乱，歌雍舞佾，私家日盛，而公室反微。音乐废阙宗庙之祭，至不能备八佾之舞，于是典乐之官，皆失其职，散而之四方。有掌乐的太师名挚者，去而适齐，掌亚饭之乐名干者，去而之楚。掌三饭之乐名缭者，去而之蔡。掌四饭之乐名缺者，去而之秦。掌击鼓的官名方叔者，去而入居于河内。掌播摇鼗鼓的官名武者，去而入居于汉中。为乐官之佐名阳与击磬的官名襄者，去而入居于海岛。夫礼乐所以为国者也，鲁失其政，下陵上替，礼坏乐崩，至使瞽师乐官皆不能守其职，而纷然四散。是尚可以为国乎？记者言此，盖伤鲁之衰也。

【原文】

周公谓鲁公曰："君子不施其亲，不使大臣怨乎不以。故旧无大故，则不弃也。无求备于一人。"

张居正直解 鲁公是周公之子伯禽。施字当作弛字，是废弃的意思。以，是用。昔鲁公伯禽受封之国，周公训戒之说道："立国以忠厚为本。忠厚之道在于亲亲、任贤、录旧、用人而已。盖亲，乃王家一体而分者，苟恩义不笃，则亲亲之道废矣，必也亲之欲其贵，爱之欲其富，使至亲不至于遗弃可也。大臣，国之所系以为安危者，苟大臣有怨，则任贤之礼薄矣，必也推心以厚其托，久任以展其才，不使大臣怨我之不见信用，可也。故旧之家皆先世之有功德于民者，苟弃其子孙，则念旧之意衰矣。必也官其贤者，其不贤者亦使之不失其禄，非有恶逆大故，则不弃也。人之才具各有短长，在乎因材而器使之，苟责备于一人，则用才之路狭矣。必也因能授任，不强其所不能。无求全责备于一人焉。此四者皆君子之事，忠厚之道也。汝之就封，可不勉而行之，以培植国家之根本哉？"按周家以忠厚立国，故周公训其子治鲁之道，亦不外此。其后周祚八百，而鲁亦与周并传绵远，岂非德泽浃洽之深哉？此为国者所当法也。

【原文】

周有八士：伯达、伯适、仲突、仲忽、叔夜、叔夏、季随、季娲。

张居正直解

伯、仲、叔、季是兄弟次序。记者说：贤才之生，关乎气运。昔周室盛时，文武之德泽涵育者深，天地之精英蕴蓄者久，于时灵秀所钟，贤才辈出，其中最奇异者，兄弟八人同出一母，而又皆双生。其头一胎生二子，叫作伯达、伯适；第二胎生二子，叫作仲突、仲忽；第三胎生二子，叫作叔夜、叔夏；第四胎生二子，叫作季随、季娲。此八士者产于一母，萃于一门，而又皆有过人之德，出众之才。多而且贤，真乃是盛世之瑞，邦家之光。其关系一代气运，岂偶然哉？考之尧、舜之时，有八元八恺；成周则有八士，盖天将祚帝王以太平之业，则必有多贤应运而生，一气数之自然耳！顾天能生才而不能用才，举而用之，责在入主。是以，史称舜举十六相而天下治。《诗》云："济济多士，文王以宁。"言其能用之也。

子张第十九

【原文】

子张曰："士见危致命，见得思义，祭思敬，丧思哀，其可已矣。"

张居正直解

子张说："论人当观其大节。若大节有亏，则其余不足观矣。若使今之为士者，能见危难则委致其命，以赴公家之急，而不求苟免；见财利则必思义之当得与否，而不为苟得；于祭则思敬以追远，而致其如在之诚；居丧则思哀以慎终，而极其思慕之笃。士能如此，则外著光明磊落之行，内存仁孝诚敬之心，大节无亏，其可谓士也已矣。"然此，固修己之大闲，盖亦取人之要法。人君诚得是人而用之，以之当大任、托大事，何不宜哉？外此，而求其才艺之美，智巧之优，抑末也已。

【原文】

子张曰："执德不弘，信道不笃，焉能为有，焉能为亡？"

张居正直解

执是执守。弘是廓大。笃是坚确的意思。子张说："理得诸心谓之德，德有诸己，贵于能执，而执之又贵于扩充。若或器量浅狭，容受不多，才有片善寸长，便侈然自以为足，不复加扩充之功，这是执德不弘，理所当然谓之道，道有所闻，贵于能信，而信之，尤贵于坚定。若或意念纷纭，把持不定，才遇事交物诱，便茫然失其所守，不复有的确之见，这是信道不笃。夫执德不弘，久则将并其所执者而失之矣；信道不笃，久则将并其所信者而亡之矣。”此等之人虽终身为学，毕竟无成，在世间，有之不为多，无之不为少，一凡庸人等耳，何足贵乎？所以说，焉能为有？焉能为亡？言不足为有无也。

【原文】

子夏之门人，问交于子张。子张曰：“子夏云何？”对曰：“子夏曰：可者与之，其不可者拒之。”子张曰：“异乎吾所闻。君子尊贤而容众，嘉善而矜不能。我之大贤与，于人何所不容；我之不贤与，人将拒我，如之何其拒人也？”

张居正直解

拒是拒绝。矜是怜悯。昔子夏、子张都是圣门高弟，而两人不同。子夏笃信谨守，子张才高意广，故其所见亦各有异。一日子夏的门人问交友之道于子张。子张说：“你师子夏如何说？”门人对说：“我师子夏说道：凡人直谅多闻，有益于我的，方可与他相交。若那便辟柔佞，无益于我的人，却宜拒绝之，不可与他相交。”子夏之论交如此。子张说：“子夏此言与我平日所闻全然不同。吾闻君子之人，心存大同，而与物无忤。于人之才德出众者，则从而尊敬之。至于庸常的众人亦含容而不遽厌弃。于人之有善而可取者，则从而嘉尚之。至于一无所能的人，亦矜怜而不忍斥绝。可者固在所与，而不可者亦无所拒，君子之交当如此也。且反己而观之，我果大贤与？则与人何所不容？固自不宜拒人，我若不贤与？则人将拒我，而我何暇于拒人也?”子夏之言，何其示人之不广乎。要之，子夏之论严择交之道矣，而乏待物之宏。子张之论，得待物之宏矣，而非择交之道。惟夫以主善为师之心辨贤否，以含宏光大之度待天下，则自无迫狭与泛滥之弊矣。此非但取友，亦用人者所当知也。

【原文】

子夏曰：“虽小道，必有可观者焉。致远恐泥，是以君子不为也。”

张居正直解

小道如农圃医卜之属。泥是窒塞不通的意思。子夏说：“理无往而不在，故虽日用事为之常，百工技艺之末这等的小术亦皆道之所寓，以之济民生而资世用，未必无可观者焉。然其体之所包涵者浅，用之所利济者微，就一事一物而用之可也。若要推而极之，以达于天下国家之远，则必有窒碍而难通者矣，是以君子之人，以天下国家为己责，而所志者远，以修齐治平为己事，而所务者大，于此区区之小道，自有所不屑为也，学者可不知所用心也哉?”盖道虽不遗于细微，而学贵知所当务，故孔子不以多能为圣，尧、舜不以百亩为忧。用心于大，自不暇及于其小耳！有志于帝王之大经、大法者，宜审图也。

【原文】

子夏曰：“日知其所亡，月无忘其所能，可谓好学也已矣！”

张居正直解 亡字与有无的无字同。所亡，是未知的道理。所能，是已得的道理。子夏说：“人之为学，未得则患其有因循之心，而不知所以求之。既得则患其有遗忘之病，而不知所以守之。虽曰为学，不过入耳出口，玩时悔日而已。安得谓之好学乎？必须于每日之间，将那未知的道理，今日讲求一件，明日讲求一件，务使所知所闻者与日而俱进焉。然又恐其久而遗忘也，必于每月之间将这已得了的道理，时加温习，随事体验，尊其所闻，行其所知，拳拳服膺而弗失之焉，似这等用功，方是真能好学的人。”盖能知其所无，则既有知新之益，无忘其所能，则又加温故之功，日积月累，无时间断。非真知义理之可悦，而以远大自期者能如是乎？所以说，可谓好学也已矣。人能如是，则所知日进于高明；所行日就于光大，而为圣为贤不难矣，可不勉哉！

【原文】

子夏曰：“博学而笃志，切问而近思，仁在其中矣。”

张居正直解 子夏说：“学莫先于求仁，而仁非由于外至，诚能博学于文，而多闻以广其识，使此心无一理之不明，笃信乎道而坚心以要其成。使此心无一息之少懈，有所问辨，必关切义理，而不徒为浮泛之谈。有所思维，必体贴身心，而不徒为汗漫之想。此四者皆学问思辨之事，虽未尝力行而为仁，然仁只是此心之理而已。今能从事于学，而有精实切近之功，则此心有所收敛，天理即此而存，妄念不得纷驰，人欲何由而肆？不期仁而仁自在其中矣。”于此见求仁之道，不外于存心，存心之功，不外于务学，学在是，则心在是，心在是，则仁在是矣，有志仁者可不勉哉！

【原文】

子夏曰：“百工居肆以成其事，君子学以致其道。”

张居正直解

肆是工匠造作的公所。致是造到极处的意思。子夏说：“天下事居之必有定所，然后术业可专，为之必有成法，然后功效可集。彼百工匠作的人，要成就他一件手艺，必须住在那官府造作的处所，无别样事务相妨，尽力尽巧，用以专攻其事，然后成得那一般技艺。如梓匠则成其建屋之事，轮舆则成其造车之事，所以说百工居肆以成其事。君子之学道也，就如百工学艺的一般，必须终日修习，只在这学问上，志向更无分夺，工夫更无休歇，有一件道理未知，必孜孜然求以知之，有一件道理未行，必孜孜然求以行之，务使万理皆明，万善皆备，而道之具于我者，无不有以诣其极焉，此方是君子真实学道之全功也。”若徒慕为学之名，是外夺于纷华之诱，或做或辍，有始无终。纵然从事于学，毕竟何所成就哉？是反百工之不如矣。

【原文】

子夏曰：“小人之过也，必文。”

张居正直解

文是文饰。子夏说：“人之处事，安能一一尽善？也有一时防检少疏，不觉差错了的，这叫作过。惟能知其过而速改之，则固可复于无过，此君子修德迁善之事也。若夫小人之有过也则不然，分明意向差了，却仍多方回护，求以掩其差。分明举动错了，却仍巧计弥缝，求以掩其错。”盖其心中全是私欲蒙蔽，护短自是，不肯认错，反将无心差失都做了有心罪恶，所谓耻过作非，心劳而日拙也。小人所以徇欲忘返，卒至于败德亡身者，皆由于此，可不戒哉？

【原文】

子夏曰：“君子有三变：望之俨然，即之也温，听其言也厉。”

张居正直解

俨然是庄严的模样。即是就。温是和。厉是刚正。子夏说：“君子盛德积中，而发见当可其容貌词气。夫人得于接见之顷者，有三样变态，不可以一端尽也。远而望之，则见其衣冠正，瞻视尊，俨然有威之可畏焉，俨然如此，若示人以不可近矣。及近而就之，则又见其温良乐易，蔼然和气之可亲也，其温如此，若可得而狎之矣。及听其言论，则又词严义正，是是非非，确有定执，初无一毫委曲迁就之意，听之使人悚然而可敬也。”始而俨然，中而温焉，既而厉焉，一接见之间而容貌词气屡变而不可测如此，所以说君子有三变。然君子岂有意而为之者哉？盖其德备中和，动容正辞，无非盛德所发，而人之得于瞻仰听闻，见其变动不拘若此耳，君子何心哉？

【原文】

子夏曰：“君子信而后劳其民，未信，则以为厉己也。信而后谏，未信，则以为谤己也。”

张居正直解

厉字，解作病字。子夏说：“君子事上使下，皆必诚意交孚而后其事可行。如劳民动众之事，本非民所乐为者，必其平日爱民之意至诚恻怛，民已相信了，然后不得已而至于劳民，则民亦谅其心之出于不得已，而踊跃以趋事矣。若未信于民而遽劳之，事虽当为而人心不悦，不以为伤财，则以为虐下而病己矣，事何由而成乎？谏诤违拂之言，本非君所乐听者，必其平日爱君之意，至诚恳切，君已见信了，然后不得已而形之谏诤，则君亦谅其心之出于忠爱，而虚心以听纳矣。若未信于上，而遽谏之，则意虽效忠，而上心不悦，不以为讪上，则以为卖直而谤己矣，言何从而入乎？”此可见君子欲有为于天下，非积诚以感动之，未有能济者也。然此特就事君使民者言之耳。若夫下之事上，趋事赴功，乃其常分，君之于臣，听言纳谏乃为至明，上下各务自尽可也。

【原文】

子夏曰：“大德不逾闲，小德出入，可也。”

张居正直解 大德、小德譬如说大节、小节。闲是栏，所以限其出入者。子夏说：“人之为学，贵识其大，若能于立身行己大关节处，如君臣父子之间，进退出处之际，一一皆尽其道，而不越乎规矩之外，则大本立矣。至于小小节目，如动静语默，事物细微，或少有出入，未尽合理亦无害也。若不务先立乎其大，而徒拘拘为小廉曲谨之行，亦奚足贵哉？”然不矜细行，终累大德，大者固所当谨，而小者亦岂可不慎哉？子夏此言，用以观人则可，用以律己则不可也。

【原文】

子游曰：“子夏之门人小子，当洒扫、应对、进退，则可矣。

抑末也，本之则无，如之何？”子夏闻之曰：“噫，言游过矣！君子之道，孰先传焉？孰后倦焉？譬诸草木，区以别矣。君子之道，焉可诬也。有始有卒者，其惟圣人乎！”

张居正直解

洒扫应对进退都是小学之事。噫是叹息之声。倦是厌倦。区是类。诬是罔。卒字，解作“终”字。昔子夏以笃实为学，故教人先从下学用功。子游不知其意而讥之说：“道有本有末，人之学道不可徒事其末而忘其本。今子夏之门人小子观其洒扫应对进退之间，其威仪习熟，容节周详，则信乎其可矣。然特小学之事，道之一节而已，律之以根本之学，如《大学》诚意、正心之事，则全未有得，如之何其可哉！”子夏闻其言而叹之说：“言游以我之门人务末而遗本，恰似我不肯把至道传他们的一般，此言差矣。盖君子以大公无我之心，而施之为曲成不遗之教，何尝有意说某一样道理是浅近的，可以为先而传之；某一样道理是高深的，可以为后而倦教。定要立这等次第，但以学者所造，其分量自有浅深，譬诸草木之有大小一般，其区类判然有别，不得不分个先后，各因其材而施之耳。若不量其造诣之浅深，工夫之生熟，概以高远的道理教他，则是语之以所不能知，导之以所不能行，徒为诬之而已，焉有君子教人而可以诬罔后学如此也？若夫自洒扫应对，以至于诚意、正心，彻首彻尾，本末一贯，全不假进修次序，这惟是聪明睿智天纵的圣人，生知安行之能事也。今此门人小子岂能便到得圣人地位，安得不先教以小学乎？子游讥我失教，其言信为过矣。”盖道有定体，教有成法，古人八岁入小学，十五而后入大学，其次第自应如此。宋儒程子说，自洒扫应对上，便可到圣人事，然非穷理之至，精义入神，何以知圣人事，从洒扫应对中来？有志于成始成终之学者，不可无深造之功焉。

【原文】

子夏曰："仕而优则学，学而优则仕。"

张居正直解

优是有余力的意思。子夏说："凡人为学，则以藏修为主。出仕则以尽职为忠，事固各有所专。然学所以求此理，而不仕则学为无用。仕所以行此理，而不学则仕为无本，乃相须以为用者也。故凡出仕而在位者，当夙夜匪懈，先尽其居官之事，待职业修举有余力之时，却也不可闲过了光阴，仍须从事于学，以讲明义理，考究古今。则聪明日启，智虑日精，所以资其仕者，不益深乎？未仕而为学者，当朝夕黾勉，先进其务学之事，待涵养纯熟，有余力之时，却不可虚负了所学，必须出仕从政，以致君泽民，行道济时。则抱负既宏，设施亦大，所以验其学者，不亦广乎？"要之，仕学不可偏废，而学尤终身受用之地。盖义理无穷，若不时时讲究，则临民治事之际，未免有差，此念始终典于学，古之贤臣所以倦倦为君告也。

【原文】

子游曰："丧，致乎哀而止。"

张居正直解

致字，解作极字。子游说："方今之世，文胜质衰。居丧者徒尚仪文之末节，而少哀戚之真情。以吾观之，人子执亲之丧，只须极尽乎哀而止，何以文饰为哉？盖哀恸有余，则真情已竭，虽礼文不足，何伤乎？"考之

《礼记》，子游平素究心于丧礼，非脱略于仪文者。此言盖为救时而发，即夫子丧与其易也，宁戚之意也。

【原文】

子游曰："吾友张也，为难能也，然而未仁。"

张居正直解 张是子张。子游说："吾友子张之为人也，才高意广，人所不能为者，彼却为之，是难能也。然少诚实恻怛之意，未免心驰于外，而天理之所存者寡矣，其于仁则未也。"盖仁者本心之德，实理具备，无假于外。人惟依著真心、本等做去，则事皆著己务内。乃所谓仁，何必为所难能哉？"是以圣门教人专以求仁为本，而以徇外为戒也。

【原文】

曾子曰："堂堂乎张也，难与并为仁矣。"

张居正直解 堂堂是容貌之盛。曾子说："朋友所以辅仁，故必有诚笃之资，专用心于内者，彼此讲习切磋，然后可相助以进于善。乃若堂堂乎吾友子张也，惟致饰于威仪，修整其容貌而已，其驰心于务外自高如此，以之为己，则无操存涵养之功；以之为人，则无箴规观感之助，人固不能辅他为仁，他也不能辅人之仁，所以说难与并为仁矣。"曾子此言，盖救子张之失，欲其用心于内也。

【原文】

曾子曰："吾闻诸夫子：人未有自致者也，必也亲丧乎？"

张居正直解 致是推致其极的意思。曾子说："吾尝闻夫子有言：常人之情于凡应事接物之际，真切恳到处少，苟且忽略处多，未有能自尽其心，推之以至其极者也。求其能自尽者，必也于父母之丧乎！"盖子与父母，本天性之至亲，而况居丧之时，又人道之大变，惟是这个时候，其哀痛迫切之诚，发于至情而不容已，乃能内尽其心，无一毫之勉强，外尽其礼，无一毫之欠缺也，使于此而不尽其心，恶乎尽其心哉？于此见人心之良，随处发见，而最真切者莫过于亲丧之时，能识其端而推广之，则礼意无一念之不真，伦理无一件之不厚，而仁不可胜用矣。此曾子所以有感于圣人之言也。

【原文】

曾子曰："吾闻诸夫子：孟庄子之孝也，其他可能也，其不改父之臣，与父之政，是难能也。"

张居正直解 孟庄子名速，是鲁大夫，当时人皆称其有孝行。曾子说："我闻诸夫子说，孟庄子之孝也。其他生事尽礼，死事尽哀，虽足为孝，然犹可能也，惟是那不改父之臣与父之政这两件，乃是人所难能。"盖庄子之父献子贤而相鲁，其所用之臣乃贤臣，所行之政乃善政，固皆可以不改，但献子既殁，庄子得以自专，苟非卓然欲继父志而为善，则其臣与政必有与己相违拂者，焉能不改乎？庄子则以亲之心为心，略无适己自便之意。其于臣也，父用之，吾亦承而用之；其于政也，父行之，吾亦踵而行之，终身遵守，无少更变。是盖志在立身行道，世济其美，以显亲扬名，乃孝之大者。非但不忍死其亲而已，岂人所易及者哉？所以说难能也。

【原文】

孟氏使阳肤为士师，问于曾子，曾子曰：“上失其道，民散久矣。如得其情，则哀矜而勿喜。”

张居正直解

阳肤是曾子弟子。士师是掌刑狱之官。散是离散。哀矜是哀怜的意思。昔鲁大夫孟氏使阳肤为士师之官，着他断理刑狱，阳肤因问治狱之道于曾子。曾子告之说：“刑狱之设，所以防民之奸，表率之而不从，教诏之而不入，乃用法以威之，非得已也。今也在上的人德教不修，既不足为民表仪；刑政无章，又无以示民趋避，将长民的道理都失了，以致百姓们，情意乖离，无所维系，相率入于不善，若所当然，而不知陷于大戮也，其来非一日矣。尔为士师，当念犯法虽在于民，而所以致之则由于上。治狱之时，如或讯得其情，虽其行私干纪，信为有罪，而犹必哀怜之，矜悯之，视之有若无辜，而加恻隐之意焉。莫为情伪微暧，而我能得其隐情，便欣然自喜其明察也。如此则用法必平，民可无冤，而士师之责任为无忝矣。”

【原文】

子贡曰：“纣之不善，不如是之甚也。是以君子恶居下流，天下之恶皆归焉。”

张居正直解

下流是地形卑下，为众流所归的去处。子贡说：“古今言荒淫暴虐，一切不善之事，皆以商纣为称首，其实纣之不善，亦不至如是之甚也。只因他是个无道之君，恶名彰著，古今言人之为恶者，皆举而归之于纣，譬如地势洼下的去处，众水都流在里面的一般，盖其自处然也。是以君子常自警省，不肯一置其身于下流不善之地。”盖一自处于不善，则人遂从而指名之，凡天下不好的事都归于其身，不是他做的事，也说是他做的了。故纣以一时之凶德，而被千载之恶名，遗臭无穷，终莫能洗，岂非万世之明戒哉？古语云：从善如登，从恶如崩。甚言上达之难，而下流之易也。自修者诚能朝乾夕惕，不以小善为无益而不为；不以小恶为无伤而不去，则日进于高明，而尧、舜亦可几及也。

【原文】

子贡曰："君子之过也，如日月之食焉。过也，人皆见之；更也，人皆仰之。"

张居正直解

更字，解作改字。子贡说："过者人之所不能无，故虽以君子之人，防检少疏，也有一时差错，但常人有过惟恐人知，所以遂成其过。君子有过即自认说，这是我差错了，明白昭示于人，绝无一毫遮饰，譬如日月之食一般，一分一秒人皆得而见之，不可得而掩也。既自认以为过差，随即就改了，复于无过。譬如日月亏而复圆，光明皎洁，人皆翕然仰之，不可得而议也。"盖日月以贞明为体，故虽暂食而无损于明，君子以迁善为心，故因有过而益新其德，若小人之遂非文过，只见其日流于卑暗而已，安望其能自新也哉？然过而使人见，更而使人仰，此其修德于昭昭者耳。若夫幽独之中，隐微之际，遏绝妄念，培养善端，此则君子慎独之功，修之于人所不见者也。欲立身于无过之地者，宜于此加谨焉。

【原文】

卫公孙朝问于子贡曰："仲尼焉学？"子贡曰："文武之道，

未堕于地，在人。贤者识其大者，不贤者识其小者，莫不有文武之道焉，夫子焉不学？而亦何常师之有！”

张居正直解 公孙朝是卫大夫。识是记。卫大夫公孙朝问于子贡说：“汝夫子仲尼于天下事理无大无小，莫不周知，果何所从学而能然耶？”子贡晓之说：“道之灿然者，莫备于文武。其一代谟训功烈，礼乐文章之类，虽去今已远，然未至坠落于地，固尚在人也。世有贤而出众的人，其识见宏远，则能记其纲领之大；有不贤而平常的人，其识见浅近，亦能记其节目之小，是人之贤否虽不齐，而识大识小，莫不有文武之道存焉。文武之道既无所不在，夫子之学亦何所不周，如贤者识其大，夫子则于贤者而学其大；不贤者识其小，夫子则于不贤者而学其小。盖随处访求，无往而非学也。无往而非学，则亦无往而非师也，而又何常师之有？岂如他人之学有定在，师有常主者哉？”夫孔子以生知之圣，犹且学无常师如此，诚以义理无穷，而取善贵广也。况人君以一身而膺天下国家之寄，尤当以务学为急，故高宗则逊志时敏，成王则日就月将，所以称殷周之盛王也。

【原文】

叔孙武叔语大夫于朝曰：“子贡贤于仲尼。”子服景伯以告子贡，子贡曰：“譬之宫墙。赐之墙也及肩，窥见室家之好。夫子之墙数仞，不得其门而入，不见宗庙之美，百官之富。得其门者或寡矣。夫子之云，不亦宜乎？”

张居正直解 叔孙武叔、子服景伯都是鲁大夫。七尺为仞。后面夫子指武叔说。昔孔子道德高深，时人不能窥测。一日，叔孙武叔在朝中对众大夫说：“人皆称孔子是圣人，以我观于子贡，其聪明才辩还过于仲尼，仲尼殆不及也。”时子服景伯适闻此言，因告于子贡。子贡说：“人惟见道而后可以言道。武叔以我为贤，由于所见者浅也。以赐之道，上比于夫子，其高卑悬绝，譬如宫墙一般。赐也造诣未深、识见有限，比之于墙，不过及肩而已，其墙既卑，故人不必入其门也，但从外面窥之，于凡室家所有，一器一物之好，举目便看见了，是赐之道浅狭而易见如此。若吾夫子，道德尊崇，地位峻绝，比之于墙，其高数仞者也。其墙既高，若不得其门而入，则其中宗庙气象之美，百官威仪之富，何由而见之乎？是夫子之道，深广而难窥如此。今之人不过宫墙外望而已，能得其门而入者几何人哉？若武叔者，正不得其门而入者也。他于圣道之美富，本不曾见是何等模样，则谓我贤于仲尼，亦何足怪乎？”盖由其识见之未深，故其拟议之欠当耳。子贡以是而晓景伯，所以尊孔子鄙武叔者，可谓至矣。

【原文】

叔孙武叔毁仲尼，子贡曰：“无以为也。仲尼，不可毁也。他人之贤者，丘陵也，犹可逾也。仲尼，日月也，无得而逾焉。人虽欲自绝，其何伤于日月乎？多见其不知量也。”

张居正直解

土坡高者叫作丘。冈阜大者叫作陵。逾是逾越，量是分量。叔孙武叔前说仲尼不及子贡，至是乃从而毁谤之，其诬圣之罪愈大矣。子贡晓之说：“尔无用此谤毁为也。盖仲尼之圣非他人可比，不可得而毁也。何者？他人之贤者，虽异于人，然所造未至，就如丘陵一般，自平地下看着虽高，其高终是有限，犹可得而逾越也。若仲尼之道，冠绝群伦，高视千古，就如日月一般，悬象著明，与天地同运，无一物不在其照临之下，谁得而逾越之乎？纵有不肖的人，欲自弃于圣人之教横肆非毁，而圣人之道高德厚，岂彼浮言妄议所能污蔑？如日月之明，万古常新，非人所得而毁伤也。尔今之毁仲尼，正如要伤日月，只见其不揣自己的分量，于圣凡高下，懵然无辨，一天地间妄人而已，何足校哉？”按：子贡前以宫墙喻圣道，此又以日月为喻，所以尊孔子而晓武叔者，其词愈峻，而意愈切矣。

【原文】

陈子禽谓子贡曰：“子为恭也，仲尼岂贤与子乎？”子贡曰：“君子一言以为知，一言以为不知，言不可不慎也。夫子之不可及也，犹天之不可阶而升也。

张居正直解

陈子禽即陈亢。恭是推逊的意思。阶是梯。昔陈子禽虽学于孔子，而莫能窥其道之高大。一日乃谓子贡说：“师不必贤于弟子，今汝推尊仲尼，极其恭敬，岂以仲尼之贤有过于子乎？”子贡以其轻于议圣，因斥其失言之非说：“言语之发，不可不谨，一句言语说的是，人便以为智；一句言语说的不是，人便以为不智。智与不智，但系于一言之微。如此，可不谨乎哉？今汝谓仲尼不贤于我，其失言甚矣。知者固如是乎？盖人有可及不可及，若吾夫子圣由天纵，道冠群伦，人虽欲企而及之，而化不可为，有非思勉之可至。殆如天之高高在上，所可仰者轻清之象而已，岂有阶梯之具可攀跻而上升者乎？知登天之难，则知希圣之不易矣。子乃以我为贤，真日囿于天之中而不知其高者也，何其惑之甚哉！”

【原文】

夫子之得邦家者，所谓立之斯立，道之斯行，绥之斯来，動之斯和。其生也荣，其死也哀。如之何其可及也？”

张居正直解 立是植其生。道是引导。绥是安。动是鼓舞的意思。四个斯字，言其随感而应，见效之速也。荣是尊荣。承上文说：“夫子之所以不可及者，盖有非常之道德，自有非常之事功，惟其穷而在下，故无由见其设施耳。使其得邦家而治之，其感人动物之效，岂小小哉？正所谓民生未遂，为之分田制里以扶植其生。那百姓们即耕食凿饮，并立于生养之中矣；民行未兴，为之建学明伦以倡导于善，那百姓们即遵道遵路，率由于教化之内矣；民居有未安，一抚绥之，使之得所。那百姓们即闻风向化，群然而来归矣；民俗有未化，一鼓舞之，使之自断，那百姓们即兴仁兴让，蔼然相亲睦矣。其在生之时，人皆欢欣爱戴，莫不尊亲而极其荣显。既殁之后，人皆悲伤思慕，如丧考妣，而极其哀诚。其德化感人之速，而入人之深如此，就如天道发育万物，以生以长，曾莫测其所以然也。如之何其可及也哉？”子禽不知而妄议之陋亦甚突。按古帝王治世之盛莫如尧舜。尧舜之治以时雍风动为极。而孔子之化，以绥来动和为成，于此见圣人功用其感通变化之机，一而已矣，故史臣赞尧之德曰如天，舜曰协帝。而子贡推尊孔子则曰犹天之不可阶而升，诚见其道之同也。有君师治教之责者，不可不深探其本焉。

尧曰第二十

【原文】

尧曰："咨，尔舜，天之历数在尔躬，允执其中。四海困穷，天禄永终。"舜亦以命禹。

张居正直解

咨是嗟叹声。历数是帝王相承的次序，如岁节气先后一般，故谓之历数。允是信。天禄即天位。这是记者历叙帝王之道，以见孔子授受都只是这个道理，首举帝尧将禅位于舜而戒命之说："咨！尔舜，自古帝王代兴，莫非天之所命。如今天命在汝，将帝王相传的历数付托于汝舜之身矣。夫天以天下授汝，汝必能安天下之民，然后可以克享天心。而其道无他也，天下之事虽日有万机，莫不各有个自然恰好的道理，这叫作中。必是此心廓然大公，无为守正，事至物来，皆因其本然之理，顺而应之，各当其可。兢兢持守，不使一有偏倚，而或流于过与不及之差，则民心悦，而天位可常存矣。苟或不能执中，则政乖民乱，将使四海之人危困穷苦，心生怨叛，而人君所受于天之禄位，亦永绝而不可复享矣，可不戒哉?"其后帝舜禅位于禹也，就把帝尧这几句话叮咛而告语之。凡执中之训，永终之戒，一如尧之所命，无异词也。夫尧、舜、禹相授受，独举中之一字为言，盖即《洪范》所谓建用皇极者也。自非好恶不作，偏党反侧不形，鲜有能允执此道者。唐虞夏后致治之盛，皆由此一言基之。岂非万世之标准哉？

【原文】

曰：“予小子履，敢用玄牡，敢昭告于皇皇后帝，有罪不敢赦，帝臣不蔽，简在帝心。朕躬有罪，无以万方，万方有罪，罪在朕躬。

张居正直解

履是汤之名。玄牡是黑色的牛。皇是大，皇皇后帝即皇天后土。蔽是隐蔽。简字，解作阅字，是一一监察的意思。这一节是记成汤受命之事。汤既放桀，作书以告诸侯，因述其初时请命于天说：“我小子履，敢用玄牡之牲，敢昭告于皇天后土之神：今夏王无道，得罪于天，乃天讨必加，我当明正其罪而不敢赦。其贤人君子为上天所眷命者，这都是帝臣，我当显扬于朝而不敢隐。盖凡此有罪有德的人，都一一简在上帝之心，或诛或赏，我惟奉顺天意而已。岂得容私于其间乎？使我受天之托，所为或有不公不正，不能替天行道，这是我自家的罪过，于万方小民有何干涉？我当甘受上天之罚。若万方小民有罪犯法，却是我统御乖方，表率无状所致，其罪实在于朕之一身，不可逭也。”盖人君以奉天子民为责，故汤于命讨之典，则听命于天；于下民之罪，则引咎于己，乃真知为君之难者。其视三圣之允执厥中，殆异代同符矣。

【原文】

周有大赉，善人是富。虽有周亲，不如仁人。百姓有过，在予一人。

张居正直解

大赉是大施恩惠。周亲是至亲。这是记武王受命之事。武王初克商而有天下，他务未遑，首先散财发粟，以赈穷恤困，而大施恩泽于四方，又于其中拣那为善的人，特加优赉，不但补助其不足，尤使之丰给而有余也。其赏善之公如此！始初誓师说："商纣至亲虽多，忠良者少，不如我周家臣子，个个是仁厚有德之人，贤而可恃也。我今既获仁人之助，若不往正商罪，则百姓每嗟怨日甚，把罪过都归于我之一身矣。"其责己之厚如此。夫利则公之于下，过则引之于己，则武王伐纣之举，无非为除暴安民计耳，岂有一毫自私自利之心哉？

【原文】

谨权量，审法度，修废官，四方之政行焉。兴灭国，继绝世，举逸民，天下之民归心焉。所重民，食、丧、祭。

张居正直解

权是量秤，是斗斛。武王既定天下，见得商家旧政都坏乱了，乃扫除其积弊，从新整顿之。于权量，则谨定其规则，而轻重大小，无复参差。于法度，则审酌于时宜，而礼乐刑政无复混淆。于官制，则修举其废坠，而百司庶府无复旷闲。由是法纪所颁，在在遵守，而四方之政无有壅遏而不行者矣。至于前代帝王之后，国土已灭者，则兴之，使复有其国；世系已绝者，则续之，使不失其祀；贤人废弃在下者，则举用之，使野无遗贤。由是德意所感，人人欣戴，而天下之民，无不倾心而归服者矣。至其加意民事所最慎重者，则有三件，曰食，曰丧，曰祭。盖食以养生，丧以送死，祭以追远，乃人道之大经。故制为田里，以厚民生；定为丧葬、祭祀之礼，以教民孝，所以重王业之本，风化之原者，又如此。由武王所行之政而观，其德泽周遍，既有以团结一代之人心，政教修明，又有以恢张一代之治体。所以能建中于民，而副上天宠绥之命，有由然矣，谓非上接尧、舜、禹、汤之统者哉！

【原文】

宽则得众，信则民任焉，敏则有功，公则说。

张居正直解

任是依靠的意思。记者历叙尧、舜、禹、汤、武之事，因总结之说：帝王御世，虽因时立政，各有不同，而保民致治之大端，总之只有四件，曰宽、信、敏、公而已。盖人君以天下为度，若专尚严急，则人无所容，而下有怨叛之心。若能宽以御众，而胸襟广大，如天地之量一般，则包涵遍覆，众庶皆仰其恩泽而莫不尊亲矣。君道以至诚为本，若虚文无实，则人无适从，而下有疑贰之心。惟能信以布令，而始终惟一，如四时之运一般，则实政实心，下民皆有所倚仗，而莫不归附矣。人君总理万机，一或怠缓，则易以废事，惟能励精图治，而孜孜汲汲，宵旰常若不遑，则纪纲法度件件修举，而事功于是乎有成矣。人君宰治万国，一或偏私，则无以服人，惟能大公顺应，而荡荡平平，好恶有所不作，则赏罚举措事事合宜，而人心于是乎悦服矣，凡此四者皆人君治天下之要术。自尧舜禹汤文武，交修而并用之，所以成唐虞三代之盛也。然要其致治之本，则皆不外乎一中之传。盖道具于心则为中，措诸政事则为宽信敏公，亦如《洪范》皇极以立本，三德以致用，故刚柔正直，而建极之化始全，宽信敏公，而执中之道斯备，其义一也。有志于帝王之治者，宜究心焉。

【原文】

子张问于孔子曰："何如斯可以从政矣？"子曰："尊五美，屏四恶，斯可以从政矣。"子张曰："何谓五美？"曰："君子惠而不费，劳而不怨，欲而不贪，泰而不骄，威而不猛。"

张居正直解

尊是崇尚。屏是屏绝。泰是安舒。猛是刚厉的意思。子张问于孔子曰："君子出而用世，当何作为，斯可以居位而为政乎？"孔子告之说："治道不止一端，惟在审所取舍而已。凡政之美而有益于治者，有五件，汝必尊敬而奉行之；政之恶而有害于治者，有四件，汝必惩戒而屏绝之。夫善政行则百姓蒙其福，恶政去则百姓远于害。取舍当而治道可举矣，于从政何有哉？"子张因问说："何谓五美？"孔子举其目而告之说："凡施于人者未免有所费，君子则不必捐己之所有，而人自然蒙其利于无穷。夫于下既有所益，而于上又无所损，此所以为美者一也；劳民之力者多致民之怨，君子虽有役以劳民，而人皆乐于趋事，未尝见其怨焉。夫既以劳民之力而又能得民之心，此所以为美者二也。常人心有所欲易至于贪，君子虽亦有所欲，然于已有所得，于人无所求，欲而不贪，此所以为美者三也。常人志意舒泰易至于骄，君子虽若泰然自得，却无一毫矜肆之意，泰而不骄，此所以为美者四也。常人以威临民易至于猛，君子虽若有威可畏，却不至于暴厉而使人难堪，威而不猛，此所以为美者五也。”

【原文】

子张曰：“何谓惠而不费？”子曰：“因民之所利而利之，斯不亦惠而不费乎？择可劳而劳之，又谁怨？欲仁得仁，又焉贪？君子无众寡、无小大、无敢慢，斯不亦泰而不骄乎？君子正其衣冠，尊其瞻视，俨然人望而畏之，斯不亦威而不猛乎？”

张居正直解

子张闻五美之目，而未知其实。因问说：“惠则必费，如何叫作惠而不费？”孔子乃备举其事而告之说：“凡施惠而捐已之财，这便费了。君子因天下之利，利天下之民。如田里树畜，但就百姓本等的生理与之区划而已，本非分我所有以与民，岂非惠而不费乎？劳民而不量其力，民就怨了。君子用民之力，不夺民之时，如城池、仓库，但择国家紧要的工程，间一驱使而已，固不肯泛兴工役以劳民，其谁得而怨之乎？欲其所不当欲，斯谓之贪。君子心之所欲，惟在于仁，而仁本固有，欲之即至，自然合乎天理之正，即乎人心之安，这是近取诸身，无慕乎外者，谁得而议其贪乎？安舒的人，其志意多疏放，故失之骄。君子不论人之众寡，事之小大，一惟兢兢业业，临之以敬慎，而不敢有慢易之心，这是宽裕之中，常自检束，非有心于简傲也。此岂非泰而不骄乎？威严的人，其气象多粗厉，故失之猛。君子衣冠整肃，瞻视端庄。俨然恭己于上，而人之望其容色者莫不敬畏。这是临御之体，自然尊重，非有意于作威也，此岂非威而不猛乎？”这五件施之于民，则为善政；修之于身，则为令德，所谓五美之当尊者如此！

【原文】

子张曰："何谓四恶?"子曰："不教而杀谓之虐，不戒视成谓之暴，慢令致期谓之贼，犹之与人也，出纳之吝，谓之有司。"

张居正直解

虐是残酷。暴是急躁。贼是伤害。犹之，譬如说一般样的。子张又问说："何以谓之四恶?"孔子告之说："为人上者欲民为善，须要时常教导，知其不从，乃可加刑。若平素不能教民，使知善之当为，恶之当去，一旦有罪便加之以刑杀，是其用刑残酷，全无恻隐之心，这叫作虐；欲民趋事，须要预先戒饬，使之警省，乃可责成。若常时不加戒饬，令其着实奉行，渐次整理，一旦省视，骤然责其成效，是其举动躁急，殊无宽裕之体，这叫作暴，有所徵求于民，必先期出令，而后民知所从。若稽慢诏令，故意耽延，却乃刻定日期，严限追并，则事有难于卒办，刑必至于妄加。是其伤人害物有不可胜言者，不谓之贼而何？至若有功当赏，即断然赏之，而人始蒙其惠。若迟回顾惜，一般样地与了人，而于出纳之际，却乃欲与不与，悭吝而不决，则虽以与人，而人亦不怀其惠，此乃有司为人守财，不得自专者之所为，为人上者岂宜如此？凡此四者，为政之所当屏也，汝其戒哉!"按：《论语》一书，孔子告问政者多矣，而美恶并陈，法戒具备，未如此章之明切者。故记者列此以继帝王之治，见圣人修身立政之道，一而已矣。

【原文】

子曰："不知命，无以为君子也；不知礼，无以立也；不知言，无以知人也。”

张居正直解 孔子说：“君子修身处世，其道固不止一端，然其要只在于天人物我之理，见得分明而已。盖人之有生，吉凶祸福，皆有一定之命。必知命，乃能安分循理而为君子也。若不知命，则见害必避，见利必趋，行险侥幸，将无所不为，而陷于小人之归矣，此何以为君子乎？此命之不可不知也；礼为持身之具，故必知礼，乃能检摄威仪而有以自立。若不知礼，则进退周旋，茫无准则，耳目手足惶惑失措，欲德性坚定，而卓然自立难矣。此礼之不可不知也；人心之动，因言以宣。故必知其言之美恶，斯人品之高下，可概而知也。若不知言，则众言淆乱，漫无折衷，得失无由而分，邪正无由而辨，人不可得而知之矣，此言之不可不知也。知此三者，则天人物我之理洞察无遗，而君子修身之道备矣。”按：《大学》一书，首先致知，《中庸》一书，要在明善，而《论语》一书则以三知终焉。诚以天下之理必知之明，而后能行之至，尧、舜、禹相授受，其大旨亦不过曰惟精惟一而已。有志于圣道者，可不以讲学明理为急务哉？

大 学

《大学》原为《礼记》第四十二篇。宋朝程颢、程颐兄弟把它从《礼记》中抽出，编次章句。朱熹将《大学》、《中庸》、《论语》、《孟子》合编注释，称为《四书》，从此《大学》成为儒家经典。大学，是大人之学。这一本书中说的都是大人修己治人的大道理。故书名为《大学》。

【原文】

大学之道，在明明德，在亲民，在止于至善。

张居正直解

这一章是孔子的经文，这一节是经文中的纲领。孔子说：“大人为学的道理有三件：一件在明明德。上明字，是用功夫去明他；明德，是人心虚灵不昧，以具众理而应万事的本体。但有生以后，为气禀所拘，物欲所蔽，则有时而昏，故必加学问之功，以冲开气禀之拘，克去物欲之蔽，使心之本体，依旧光明，譬如镜子昏了，磨得还明一般，这才是有本之学，所以《大学》之道，在明明德。一件在亲民。亲字，当作新字，是鼓舞作兴的意思；民，是天下的人，天下之人，也都有这明德，但被习俗染坏了，我既自明其明德，又当推以及人，鼓舞作兴，使之革去旧染之污，亦有以明其明德。譬如衣服涴了，洗得重新一般，这才是有用之学，所以《大学》之道，在新民。一件在止于至善。止，是住到个处所不迁动的意思；至善，是事理当然之极；大人明己德、新民德，不可苟且便了，务使己德无一毫之不明，民德无一人之不新，到那极好的去处，方才住了。譬如赴家的一般，必要走到家里才住，这才是学之成处，所以《大学》之道，在止于至善。”这三件在《大学》如网之有纲，衣之有领，乃学者之要务，而有天下之责者，尤当究心也。

【原文】

知止而后有定，定而后能静，静而后能安，安而后能虑，虑而后能得。

张居正直解 这一节是承上文说明德、新民所以得止至善之由。止，就是止于至善的止字；定，是志有定向。人若能先晓得那所当止的去处，其志便有定向，无所疑惑，所以说知止而后有定。静，是心不乱动，所向既定，心里便自有个主张，不乱动了，所以说定而后能静。定，是安稳的意思，心里既不乱动，自然随处皆安，凡物都动摇他不得，所以说静而后能安。虑，是处事精详，心里既是安闲，则遇事之来，便能仔细思量，不忙不错，所以说安而后能虑。得，是得其所止，既能处事精详，则事事自然停当，凡明德、新民，都得了所当止的至善，所以说虑而后能得。夫由知止而后至于能得，可见欲止至善者，必当先知所止也。

【原文】

物有本末，事有终始。知所先后，则近道矣。

张居正直解 这一节是总结上面两节的意思。物，指明德、新民而言；本，是根本，末，是末梢。明德了才可新民，便是明德为本，新民为末，恰似树有根梢一般。事，指知止、能得而言；终，是临了；始，是起头；知止了，方才能得，便是知止为始，能得为终，如凡事都有个头尾一般。这本与始，是第一要紧的，该先做；末与终，是第二节功夫，该后面做。人能晓得这先后的次序顺着做去，则路分不差，自然可以明德新民，可以知止能得，而于大学之道，为不远矣。

【原文】

古之欲明明德于天下者，先治其国；欲治其国者，先齐其家；欲齐其家者，先修其身；欲修其身者，先正其心；欲正其心者，先诚其意；欲诚其意者，先致其知；致知在格物。

张居正直解

这一节是《大学》的条目功夫，其序如此。诚，是实；致，是推及；知，是识；格，是至；物，是事物。孔子说："明德新民，固大人分内之事，而功夫条目，则有所当先。在昔古之人君，任治教之责，要使天下之人，都有以明其明德者，必先施教化，治了一国的人，然后由近以及远。盖天下之本在国，故欲明明德于天下者，先治其国也。然要治一国的人，又必先整齐其家人，以为一国的观法，盖国之本在家，故欲治其国者，先齐其家也。然要齐一家的人，又必先修治己身，以为一家之观法，盖家之本在身，故欲齐其家者，先修其身也。身不易修，而心乃身之主宰，若要修身，又必先持守得心里端正，无一些偏邪，然后身之所行，能当于理。所以说，欲修其身者，先正其心。心不易正，而意乃心之发动，若要心正，又必先实其意念之所发不少涉于欺妄，然后心之本体能得其正。所以说，欲正其心者，先诚其意。至于心之明觉谓之知，若要诚实其意，又必先推及吾心之知，见得道理无不明白，然后意之所发或真或妄，不致错杂，所以说，欲诚其意者，先致其知。理之散见寓于物，若要推及其知，在于穷究事物之理，直到那至极的去处，然后所知无有不尽，所以说，致知在格物。"这格物、致知、诚意、正心、修身，是明明德的条目；齐家、治国、明明德于天下，是新民的条目；人能知所先后，而循序为功，则己德明、民德新，而止至善在其中矣。《大学》之道，岂有外于此哉！

【原文】

物格而后知至，知至而后意诚，意诚而后心正，心正而后身修，身修而后家齐，家齐而后国治，国治而后天下平。

张居正直解

这一节是复说上文的意思。至，是尽处，人能于天下事物的道理，一一都穷究到极处，然后心里通明洞达，无少亏蔽，而知于是乎可至。夫物格而后知至，可见致知在于格物也。知既到了至处，然后善恶真妄，见得分明，心上发出来的念虑，都是真实，无些虚假，而意于是乎可诚。夫知至而后意诚，可见欲诚其意者，当先致其知也。意诚，然后能去得私欲，还得天理，而虚灵之本体，可以端正而无偏。夫意诚而后心正，可见欲正其心者，当先诚其意也。正心，然后能检束其身，以就规矩，凡所举动，皆合道理，而后身无不修。夫心正而后身修，可见欲修其身者，当先正其心也。身修，然后能感化那一家的人，都遵我的约束，家可得而齐矣。夫身修而后家齐，可见欲齐其家者，当先修其身也。家齐，然后能感化那一国的人，都听我的教训，国可得而治矣。夫家齐而后国治，可见欲治其国者，当先齐其家也。国治，然后能感化那天下的人，都做良民善众，与国人一般，天下可得而平矣。夫国治而后天下平，可见欲明明德于天下者，当先治其国也。物格知至，是知所止了。意诚、心正、身修，是明德得其所止的事；家齐、国治、天下平，是新民得其所止的事；圣经反复言之，一以见其次第不可紊乱，一以见其功夫不可缺略，此人大学者之所当知也。

【原文】

自天子以至于庶人，一是皆以修身为本。

张居正直解 一是解做一切。孔子说：“大学的条目虽有八件，其实上自天子，下至庶人，尽天下的人，一切都要把修身做个根本。”盖格物致知，诚意正心，都是修身的功夫。齐家、治国、平天下，都是从修身上推去。所以人之尊卑，虽有不同，都该以修身为本也。

【原文】

其本乱而末治者否矣。其所厚者薄，而其所薄者厚，未之有也。

张居正直解 本，指身说；末，指家国天下说；否，是不然；身既为家国天下的根本，必修了身，才可以齐家、治国、平天下，若不能修身，是根本先乱了，却要使家齐、国治、天下平，就如那树根既枯了，却要他枝叶茂盛，必无此理，所以说，否矣。厚，指家人说；薄，指国与天下之人说；家国天下之人，虽都是当爱的，然家亲而国与天下疏，亲的在所厚，疏的在所薄，必厚其所厚，而后能及其所薄也。若不能齐家，是所厚的且先薄了，却要治国、平天下，将那所薄的，反得加厚，必无此理，所以说，未之有也。前一节，是就八条目中指出修身最为紧要；这一节，是明修身之所以为要，而因言齐家又为治国、平天下之要，皆所以结上文两节之意也。

【原文】

《康诰》曰：“克明德。”《太甲》曰：“顾諟天之明命。”《帝典》曰：“克明峻德。”皆自明也。

张居正直解

这一章是曾子解释经文“明明德”的说话。《康诰》是《周书》篇名。克，是能；德，是人生所得之理。武王作书告康叔说：“人皆有德，但为气禀物欲所蔽，以致昏昧不明，惟文王能明之，无一毫之昏昧，所以为周之圣君。”《太甲》是《商书》篇名，顾，是常常地看着。諟字，解作此字。明命，即是明德，以其为天所赋予之理，所以又叫做明命。伊尹作书告太甲说：“人皆有此明命，而心志放逸忽忘者多，惟成汤能心上时时存着，恰似眼中时常看着的一般，无一时之怠玩，所以为商之圣君。”《帝典》是《书经》中《尧典》。峻，是大。《尧典》中说：“人皆有这大德，被私欲狭小了，惟尧能明之，至于光四表而格上下，所以为唐之圣君。”自是自己，曾子解说：“这三书所言，虽是不同，然曰德、曰明命、曰峻德，即是经文所谓明德也。曰克明、曰顾諟，又曰克明，即是经文所谓明明德也。”总之，都是自明己德的意思，所以说皆自明也。

【原文】

汤之《盘铭》曰：“苟日新，日日新，又日新。”

张居正直解

这一章，是解释经文新民的说话。盘，是沐浴的盆；铭，是刻在盆上以自警的言语；苟字，解做诚字。商王成汤以人心本自清明，却被私欲污了，必须洗去那私欲，使其从新清明，就如人身本自干净，却被尘垢污了，必须洗去那尘垢，使其从新干净一般。乃刻铭于沐浴的盘上说道：为人君者，诚能一日之间，着实用力洗去那旧染之污，而复其本然之善，这功夫却不可间断了，必当因其已新者，而日新之，又日新之，务使私欲净尽，心地极其清明，如沐浴的一般，洗得身子极其干净方可，这是自新的事，曾子引此，以明新民之本。

【原文】

《康诰》曰："作新民。"

张居正直解

《康诰》是《周书》篇名，武王告弟康叔的说话。作，是振作。《康诰》中说：百姓们，旧日虽为不善，而今若能从新为善，为人君者，就当设法去鼓舞振作他，使之欢喜踊跃，乐于为善，曾子引此，以明新民之事。

【原文】

《诗》曰："周虽旧邦，其命维新。"

张居正直解

《诗》，是《大雅·文王》篇。邦，是国都；命，是天命。诗人说："周自后稷以来，千有余年，皆为诸侯之国，到文王能新其德，以及于民，乃始受天命而有天下，是其邦虽旧，而其命则新也。"曾子引此，以明自新新民之极。

【原文】

是故，君子无所不用其极。

张居正直解

是故，是承上文说。君子，是大人成德之名。极，即是至善。曾子说："由上文盘铭、《康诰》、文王之诗观之，可见自新新民，必要到那极处才好，所以君子无所不用其极。"新自家的德，与新民的德，都要到那至善的去处而后已也。这一章虽是释新民，然起头说日新，便是明德的事，末后说无所不用其极，便是止至善的事，而大学之道，备在是矣。

【原文】

《诗》云:“邦畿千里，惟民所止。”

张居正直解 这一章是释经文止于至善的说话。《诗》，是《商颂·玄鸟》篇。诗人说:“王者所都的京畿地方，其广千里，百姓们都居止于此。”曾子引此，以见凡物各有所当止之处也。

【原文】

诗云:“缗蛮黄鸟，止于丘隅。”子曰:“于止，知其所止，可以人而不如鸟乎?”

张居正直解 《诗》，是《小雅·缗蛮》篇。缗蛮，是鸟声;丘隅，是山阜树多的所在。诗人说:“那缗蛮的黄鸟，都栖止于山阜树多的所在。”孔子读这两句诗，因有感而说:“黄鸟是个微物，于其止也，尚晓得所当止的好处，人为万物之灵，岂可反昧其所止，而禽鸟之不如乎?”夫鸟所当止的是林木，人所当止的是至善。孔子借鸟以警人，而曾子引之，以见人当知所止也。

【原文】

《诗》云:“穆穆文王，于缉熙敬止!”为人君，止于仁;为人臣，止于敬；为人子，止于孝；为人父，止于慈；与国人交，止于信。

张居正直解 上节既说人不可不知所止。这一节因说圣人能得所止。《诗》，是《大雅·文王》篇。穆穆，是深远的意思；于，是叹美辞；缉，是继续；熙，是光明；敬止，是无不敬而安所止。诗人说："穆穆深远的文王，其德则继续光明，无不敬而安所止。"曾子引此诗而释之说："所谓文王之敬止者何如，如为君的道理在于仁，文王之为人君，所存的是仁心，所行的是仁政，尽所以为君之道，而无一毫之不仁，这是止于仁。为臣的道理在于敬，文王之为人臣，忠诚以立心，谨恪以奉职，尽所以为臣之道，而无一毫之不敬，这是止于敬。为子道理在于孝，文王之为人子，事奉他父母，常怀着爱慕的意念，于那为子的道理，竭尽而无所遗，这是止于孝。为父的道理在于慈，文王之为人父，教诲他儿子，都成了继述的好人，于那为父的道理，曲尽而无以加，这是止于慈。与人交的道理在于信，文王之与国人交，言语句句都是诚实，政事件件都有始终，尽得那交结的道理，而无一毫之不信，这是止于信。文王之能得其止如此，诗人所谓敬止者也。"夫文王之敬止，盖不止至此五件，而五者乃其大端，学者诚能体察于此，而推类以尽其余，则至善可得而止矣。

【原文】

《诗》云："瞻彼淇澳，菉竹猗猗。有斐君子。如切如磋，如琢如磨。瑟兮僩兮，赫兮諠兮。有斐君子，终不可諠兮。""如切如磋”者，道学也；“如琢如磨”者，自修也；“瑟兮僩兮”者，恂慄也；“赫兮喧兮”者，威仪也；“有斐君子，终不可諠兮”者，道盛德至善，民之不能忘也。

张居正直解

《诗》，是《卫风·淇澳》篇。盖卫人作之以美其君武公者也。淇，是水名；澳，是水边的弯曲处；猗猗，是美盛的模样；斐，有文采的模样；君子，就指武公。诗人说:“瞻望那淇水弯曲的去处，绿色之竹，猗猗然美盛，我斐然有文的君子，抑何其学问之精密，而德容之盛美乎。”切磋，是治骨角的事，治骨角者，既用刀锯切了，又用鑢钖磋它，是已精而益求其精也。君子用功之精，与那治骨角的一般。琢磨，是治玉石的事，治玉石者，既用椎凿琢了，又用沙石磨它，是已密而益求其密也。君子用功之密，与那治玉石的一般，既有这等的工夫，所以德之存于心者，便瑟然严密而不粗疏，僩然武毅而不怠弛，形于身者，便赫然宣著而不暗昧，喧然盛大而不局促。諠字，解作忘字。君子为学，既造到这等样去处，自能感人，而人皆爱慕，终身不能忘也，这是卫人美武公之诗如此。道，是言；学，是讲习讨论之事；自修，是省察克治的功夫；恂慄，是战惧；威，是有威可畏；仪，是有仪可象；盛德，指理之得于身者说；至善，指理之极处。曾子引诗而解释其义说道:“所谓如切如磋者，是说卫武公勤学的事，他将古人的书籍与古人的行事，既自家探讨，又与人辩论，务要穷究到极精透的去处然后已。便与那治骨角的，既切了又磋的一般，所以说如切如磋。所谓如琢如磨者，是说卫武公自修的事，他省察自己的身心，或性情偏与不偏，或意念正与不正，或行事善与不善，务要见得分明，治得干净，不肯有一些瑕玷，便与那治玉石的，既琢了又磨的一般，所以说如琢如磨。所谓瑟兮僩兮者，是说卫武公学既有得，自然敬心常存，战战兢兢，无一时懈惰，无一时苟且，这便见他严密武毅处，所以说瑟兮僩兮。所谓赫兮喧兮者，盖言卫武公有敬德在心，其见于外者，自然有威严，人都畏惧他；有仪容，人都效法他，这便见他宣著盛大处，所以说赫兮喧兮。所谓有斐君子终不可谖兮者，盖言卫武公尽学问自修之功，有恂栗威仪之验，由是德极全备而为盛德，善极精纯而为至善，所以百姓都感仰爱戴他，而终身不能忘也。”

此一节是说明明德之止于至善。

【原文】

《诗》云：“于戏！前王不忘！”君子贤其贤，而亲其亲。小人乐其乐，而利其利。此以没世不忘也。

张居正直解

《诗》是《周颂·烈文》篇。於戏！是叹词，前王指文王武王，君子指后贤后王，小人指后世的百姓。诗人叹说：“文王武王虽去世已远，而天下之人至今犹思慕他，终不能忘。”曾子释诗说：“文王武王所以能使人思慕不忘者，盖因他有无穷的功德，留在后世耳。如垂谟烈以佑启后人，是其贤也。后来的贤人们，都守其模范，而贤其贤。创基业以传与子孙，是其亲也，后来的王者，都有所承藉而亲其亲。治安天下，使世世享太平之福，是他遗后人的乐处，而后民则含哺鼓腹，以享其所遗之乐，分田制里，使百姓永远为业，是他与后人的利益，而后民则安居粒食，以享其所遗之利。夫贤贤亲亲，是君子得其所矣。乐乐利利，是小人得其所矣。此所以文王武王去世虽远，而人心追思之，终不能忘也。”此一节是说新民之止于至善。

【原文】

子曰：“听讼，吾犹人也。必也使无讼乎?”无情者不得尽其辞，大畏民志，此谓知本。

张居正直解

这一章是释经文物有本末的说话。听，是听断；讼，是争讼；犹人，是与人一般；情，是情实；辞，是争讼的言辞；畏，是畏服。曾子引孔子之言说道：“若论听断词讼，使他曲直分明，我也能与人一般，不为难事，必是使那百姓相敬相爱，自然无有争讼，乃为可贵耳。”孔子之言如此。曾子又申解之说：“那争讼的人，心中刁诈不实，他的言辞多有虚诞，圣人能使那不实的人，不敢尽其虚诞之辞者，岂是刑法以制之哉!”盖由圣人盛德在上，大能畏服民之心志，使之化诈伪而为诚实，自然无有颠倒曲直，以虚辞相争的，所以讼不待听而自无也。夫无讼，是民德之新，所以使民无讼，是己德之明，必己德明了，然后可使民无讼，则明德为本，而在所当先，新民为末，而在所当后矣。所以说此谓知本，而经文所谓物有本末者，盖以此之谓也。

【原文】

此谓知本。此谓知之至也。

张居正直解

上一句，前面已有了。此是错误重出。后一句，是个结语的口气，上面必有说话，是古人传流失落了。

《四书章句集注》云：此章旧本通下章，误在经文之下。闲尝窃取程子之意以补之曰："所谓致知在格物者，言欲致吾之知，在即物而穷其理也。盖人心之灵莫不有知，而天下之物莫不有理，惟于理有未穷，故其知有不尽也。是以大学始教，必使学者即凡天下之物，莫不因其已知之理而益穷之，以求至乎其极。至于用力之久，而一旦豁然贯通焉，则众物之表里精粗无不到，而吾心之全体大用无不明矣。此谓物格，此谓知之至也。"

张居正直解

这是宋儒朱子的说话。闲，是近日。表，是外面，指道理易见处说。里，是里面，指道理难见处说。精，是道理精微的。粗，是道理粗浅的。朱子说："这传文第五章，盖曾子解释经文格物致知的说话，而今简编残缺，不可考矣。然格物致知，是大学第一段功夫，最为紧要，若少此一节，则诚意、正心、修齐、治平，都做不得了，岂可缺而不备，所以我近时曾私取程子的意思，做一章书以补之，说道：'经文所谓致知在格物者，是说人要推及吾心的知识，使无一些不明，当随事随物而穷究其理，使其无一处不到可也。所以然者何故？盖人心之本体，至虚至灵，都有个自然的知识，而天下的万事万物，都有个当然的道理，这心虽在内，而其理实周于物，那物虽在外，而其理实据于心，惟于事物的道理有未穷，故其心上的知识有不尽也。所以大学起初教人，必使那为学的，把天下事物的道理，无大无小，各就着心上那明白的去处，益加穷究之功，就天下事，无一件不穷，就一件内，无一毫不尽，务到个极处而后已，如此日积月累，至于久后，功夫到了，忽觉一旦之间，豁然开悟，都贯穿通透得来，则众物之理，或在表的，或在里的，或精微的，或粗浅的，无一件不晓得到，而吾心具众理的全体，以应万事的大用，也无一些不光明了。夫众物之表里精粗无不到，便是物格，吾心之全体大用无不明，便是知至。’经文所谓物格知至者，盖如此。”

【原文】

所谓诚其意者，毋自欺也，如恶恶臭，如好好色，此之谓自谦。故君子必慎其独也。

张居正直解 这一章是解释经文诚意的说话。毋，是禁止之辞。自欺，是自己欺谩，不肯着实。谦字读做慊字，慊是心中快足。独，是心上念虑发动，独自知道的去处。曾子说：“经文所谓诚其意者，是要人于意念发动之时，就真真实实禁止了那自己欺谩的意思，使其恶恶如恶恶臭的一般，是真心恶他，而于恶之所在，务要决去。好善如好好色的一般，是真心好他，而于善之所在，务要必得，这等才是好善恶恶的本心，无有亏欠，才得个自己心上快足，所以谓之自慊。然欺曰自欺，慊曰自慊，是意之实与不实，人不及知，我心里独自知道，这个去处，虽甚隐微，却是善恶之所由分，不可不谨，所以君子在此处，极要谨慎，看是自欺，便就禁止，看是自慊，便加培植，不敢有一毫苟且，亦不待发现于声色事为之际，而后用力也。”经文之所谓诚意者，盖如此。

【原文】

小人闲居为不善，无所不至。见君子而后厌然。掩其不善，而著其善。人之视己，如见其肺肝然，则何益矣。此谓诚于中，形于外。故君子必慎其独也。

张居正直解 闲居，是没人看见的去处。厌然，是消沮闭藏的模样。独，是人所不知而己所独知之地。曾子说："小人独居时，只说没人看见，把各样不好的事，件件都做出来，及至见了君子，也知惶恐，却消沮闭藏，遮盖了他的不善，假装出个为善的模样，只说哄得过人，殊不知人心至灵，自不可欺，我方这等掩饰，人看得我，已是件件明白，恰与看见那腹里的肺肝相似。似这等恶不可掩，而善不可诈，岂不枉费了那机巧之心，有甚好处，所以说则何益矣。夫掩恶诈善，如此无益，这便是实有那不好的心在里面，自然有不好的形迹露在外面，独知之地可不慎哉！此君子所以必谨慎于己所独知之地，而不敢以自欺也。"既能慎独，则其发见于外者，自无不善矣。

【原文】

曾子曰："十目所视，十手所指，其严乎。"

张居正直解 这是门人引曾子平日的言语，以发明上文之意。严，是可畏的意思。曾子说："那幽独去处所干的事，人只说无人看见，无人指摘，可以苟且，岂知天下之事，有迹必露，无微不彰，那为善的，虽不必求知，毕竟人自然晓得，那为恶的，虽要遮盖，毕竟也被人识破，一些掩不得，莫说无人看见，乃十目之所共视也，莫说无人指摘，乃十手之所共指也。幽独之中不可掩，一至于此，岂不甚可畏乎。"知其可畏，则慎独之功，自不容已矣。

【原文】

富润屋，德润身。心广体胖。故君子必诚其意。

张居正直解 这是说能慎其独的好处。润，是华美。广，是宽大。胖，是舒展的意思。人若富足，自然用度充裕，而华美其屋，人若有德，自然诚中形外，而华美其身。盖有德的人，他心里没些惭沮，便自然广大宽平，而其发于四体，亦自然从容舒展，身心内外之间，浑然是个有德的气象，所谓德润身者如此。然德自诚意中来，所以为学的君子，必慎独以诚其意，好善则如好好色，恶恶则如恶恶臭，必到那自慊去处，则德全而有润身之效矣。这一章是为学功夫极要紧处。盖克念作圣，罔念作狂，与治同道，与乱同事，都在这一念上分，是个初发动的机括，诚不可不慎也。

【原文】

所谓修身在正其心者：身有所忿懥，则不得其正；有所恐惧，则不得其正。有所好乐，则不得其正。有所忧患，则不得其正。

张居正直解 这一章是解释经文正心修身的说话。身有的身字，当作心字。忿健，是心里恼怒。恐惧，是心里畏怕。好乐，是心里喜好。忧患，是心里愁虑。有所，是有那一件事在心里执着，如不当怒而怒，或虽当怒，却又怒得过了，着这一件恼怒的事横在胸中，便是有所忿懥。下面三句，都是此意。曾子说：“经文所谓修身在正其心者，盖言心是一身的主宰，而心体至虚，原着不得一物，一有所着，则心即为所累，而不得其正，着在怒的一边，而有所忿懥，则心为忿懥所累，而不得其正矣。着在畏的一边，而有所恐惧，则心为恐惧所累，而不得其正矣。着在喜的一边，而有所好乐，则心为好乐所累，而不得其正矣。着在忧的一边，而有所忧患，则心为忧患所累，而不得其正矣。”盖忿懥、恐惧、好乐、忧患，乃心之用，人情之所不能免也。但四者在人，本有当然之则，若能随事顺应，而各中其则，事已即化，而不留于中，则心之本体，湛然常虚，如明镜一般，何累之有？唯其欲动情胜，或发之过当，而留滞于中，如明镜上着了尘垢一般，由是虚灵之体为其所累，而不得其正矣。心不能正，而欲身之修岂可得乎？下文视听饮食之失其职，便是身不修处。

【原文】

心不在焉，视而不见，听而不闻，食而不知其味。

张居正直解

承上文说，人心为一身之主，必心君泰然而后众体从令，各得其职，若有所忿懥、恐惧、好乐、忧患，则这心便被那一件事牵引去了，不在里面。心既不在，则眼虽看着，也如不见，耳虽听着，也如不闻，口内虽吃着饮食，也不晓得是什么滋味。盖目之于视，耳之于听，口之于味，皆吾身之用，而所以视，所以听，所以知味者，皆心也。故心不在，而众体皆失其职矣。这是心不能正，身便不修如此。

【原文】

此谓修身在正其心。

张居正直解 这是结上文两节的意思，说人心有所忿懥、恐惧、好乐、忧患而不得其正，则虽视听食味至切近处，尚不能辨，况于出入起居、应事接物之际，岂能得其理乎？可见心为一身之主，不能正心者，必不可以修身也。经文所谓“欲修其身，先正其心”者，意盖如此。君子诚能静而存养，动而省察，务使此心湛然虚明，随事顺应，而喜怒忧惧，各中其则，则心正身修，而家国天下，皆从而理矣。岂特视听食味之间，能得其正而已哉。

【原文】

所谓齐其家在修其身者：人之其所亲爱而辟焉，之其所贱恶而辟焉，之其所畏敬而辟焉，之其所哀矜而辟焉，之其所敖惰而辟焉，故好而知其恶，恶而知其美者，天下鲜矣。

张居正直解 这一章是解释经文修身齐家的说话。之字解做于字。辟是偏。曾子说：“经文所谓齐其家在修其身者，盖言一家的根本，在我一身，此身与人相接，情之所向，各有个当然的道理，但人多任情好恶，不能检察，所以陷于一偏，而身不修也。如骨肉之间，固当亲爱，然父有过，也当谏诤，子有过也，也当教训，若只管任情去亲爱，更不论义理上可否，这亲爱的便偏了。卑污之人，固可贱恶，然其人若有可取处，也不该全弃他，有可教处，也不该终绝他，若只管任情去贱恶，更不肯宽恕一些，这贱恶的便偏了。畏是畏惧，敬是恭敬，人于尊长，固当畏敬，然自有个畏敬的正理。若是不察其理，或有过于畏惧，过于恭敬，不合乎中，这畏敬便偏了。哀矜，是怜悯的意思，困苦的人，固当怜悯，然自有个哀矜的正理，若其中有不当怜悯处，也只管去怜悯他，却又成了姑息，这哀矜便偏了。敖惰，是简慢的意思，平常的人，简慢些也不为过，然亦有个简慢的正理，若其中有不当简慢处，也只管去简慢他，却又流于骄肆，这敖惰便偏了。人情陷于一偏如此。所以好一个人，只见他件件都是好的，就有不善，也不知了。恶一个人，只见他件件都是不好的，就有善，也不知了。若是所好的人，却能知其恶，所恶的人，却能知其美者，这是平日能用克己的功夫，到个至公至明的去处，才能如此。似这等人，世上少有，所以说天下鲜矣。

【原文】

故谚有之曰："人莫知其子之恶，莫知其苗之硕。"

张居正直解 谚是俗语。苗是田苗。硕是茂盛。言人情既陷于一偏，便随处偏了，都见不得。所以俗语说人之溺爱者不明，他的儿子虽是不肖，也不知道，只说是好。贪得者心无厌足，他的田苗虽是茂盛，也不见得，只嫌不茂盛。偏之为害，一至于此。

【原文】

此谓身不修，不可以齐其家。

张居正直解 即上文说偏之为害上看来。可见欲齐家者，必须先修其身。若果情有所偏，事皆任意，却要感化得一家的人，使其无小无大，都在伦理之中，而无有参差不齐者，断无此理。所以说身不修不可以齐其家。

【原文】

所谓治国必先齐其家者：其家不可教而能教人者，无之。故君子不出家而成教于国。孝者，所以事君也；弟者，所以事长也；慈者，所以使众也。

张居正直解

这是解释经文齐家治国的说话。曾子说："经文所谓欲治其国必先齐其家者谓何？盖家乃国之本，若不能修身以教其家，使一家之人有所观法，却能教训那一国之人，使之感化，绝无此理。所以在上的君子，只修身以教于家，使父子、兄弟、夫妇各尽其道，则身虽不出家庭，而标准之立，风声之传，那一国的百姓，自然感化，也都各尽其道，而教成矣，所以然者何也？盖家国虽异，其理则同，如善事其亲之谓孝，然国之有君，与家之有亲一般，这事亲的道理，即是那事君的道理。善事其兄之谓弟，然国之有长，与家之有兄一般，这事兄的道理，即是那事长的道理。抚爱卑幼之谓慈，然国之有众百姓，与家之有卑幼一般，这抚爱卑幼的道理，即是那使众百姓的道理。"夫孝、弟、慈三件，是君子修身以教于家的。然而国之所以事君、事长、使众之道，不外乎此，此君子所以不出家而教自成于国也。

【原文】

康诰曰："如保赤子。"心诚求之，虽不中，不远矣，未有学养子而后嫁者也。

张居正直解

这一节是承上文说，见孝、弟、慈之理，是人心原有，不待强为的意思。《康诰》是《周书》篇名，赤子是初生的小儿。武王作书告康叔说：为人君者，保爱那百姓，当如慈母保爱那初生的小儿一般。曾子引此言而解释之说："初生的小儿，不会说话，要保爱他。怎能够晓得他的意思，只是为母的爱子之心，诚切恳至，以其诚切恳至之心，而忖度赤子之意，虽不能一一都合着他，也差不远矣。然这个保赤子之心，人人自又不学自会。几曾见为女子的，先学会了抚养孩子的方法，然后才去嫁人，可见皆出于自然，而不待于勉强也。"夫慈幼之心，既出于自然，则孝弟之心，亦未有不出于自然者，但能识其端而推广之，则所以不出家而成教于国者，在是矣。

【原文】

一家仁，一国兴仁；一家让，一国兴让；一人贪戾，一国作乱。其机如此，此谓一言偾事，一人定国。

张居正直解

这一节是言教成于国之效。仁，是以恩相亲。让，是以礼相敬。一人，指君说。贪，是好利。戾，是背理。机，是机关发动处。偾，是覆败。曾子承上文说："君子不出家而成教于国者，既本乎一理，又出于自然，人君果能以仁教于家，使一家之中，父慈子孝，欢然有恩以相亲，则一国之为父子的，得于观感，也都兴起于仁矣。能以让教于家，使一家之中，兄友弟恭，秩然有礼以相敬，则一国之为兄弟的，得于观感，也都兴起于让矣。若为君的，不仁不让，好利而取民无制，背理而行事乖方，则一国之人，也都仿效，而悖乱之事由此而起矣。夫一国之仁让，由于一家；一国之作乱，由于一人。可见上以此感，则下以此应，其机关发动处，自然止遏不住有如此。所以古人说道：一句言语说得差失，便至于坏事，人君一身行得好时，便能安定其国，正此之谓也。"为人上者，可不戒贪戾以绝祸乱之端，而躬行仁让，以为定国之本。

【原文】

尧、舜帅天下以仁，而民从之。桀、纣帅天下以暴，而民从之。其所令，反其所好，而民不从。是故君子有诸己，而后求诸人。无诸己而后非诸人。所藏乎身不恕，而能喻诸人者，未之有也。

张居正直解

帅，是率领。令，是政令。恕，是推己及人的道理。藏，是存。喻，是晓喻。此承上文说，尧舜之为君，存的是仁心，行的是仁政，是以仁率领天下也。那时百姓看着尧舜的样子，也都感化，相亲相让，而从其为仁。桀纣之为君，存心惨刻，行政残虐，是以暴率领天下也。那时百姓看着桀纣的样子，他也都效尤，欺弱凌寡，而从其为暴。即此看来，可见人君一身，是百姓的表率，上行下效，理势自然，若使人君所好的是暴，而出令以教天下者却是仁，这便是所令反其所好了，那百姓谁肯从他？惟其如此，所以在上位的君子虽教人为善去恶，是其职分，必先反诸其身，自家有这善，然后责成人，使他劝勉于善，自家无这恶，然后说人不是，使他改正其恶，这是推己及人，恕之道也。然后人才肯顺从我，我才能晓喻得人。若自家不能有善而无恶，恶却责人之善，正人之恶，这便是存乎所己身者不恕了。如此而能晓喻人，使之从我为善而去恶，绝无此理，所以说未之有也。

【原文】

故治国在齐其家。

张居正直解 这一句是通结上文。曾子又说："看来一身之举动，一家之趋向所关，一家之习尚，一国之观瞻所系，人若不能修身而教于家，必不能成教于国。故人要治那一国的百姓，不必远求，只在乎修身以教于家而已，盖齐家是治国的根本也。"

【原文】

《诗》云："桃之夭夭，其叶蓁蓁，之子于归，宜其家人。"宜其家人，而后可以教国人。

张居正直解 前面释齐家治国之意已尽，此以下，又引诗而咏叹之，以足其意。《诗》，是《周南·桃夭》篇。夭夭，是少好貌。蓁蓁，是美盛貌。之子，指出嫁的女子。妇人以夫为家，故谓嫁曰归。宜，是善。诗人说："桃树夭夭然少好，其叶蓁蓁然美盛，以兴女子之归于夫家，必能事舅姑以孝，事夫子以敬，处妯娌以和，待下人以惠，而一家之人无不相宜者。"曾子引之说道："为人君者，必能处得那一家的人个个停当，如此诗所谓宜其家人，方才可以教那一国的人，使之各有以宜其家也。不然，家人且不相宜，何以教国人乎？"

【原文】

《诗》云："宜兄宜弟。"宜兄宜弟，而后可以教国人。

张居正直解 《诗》，是《小雅·蓼萧》篇。诗人说："一家之中，有长于我的，是兄，我能尽其恭敬而善事之，感得为兄的也常常爱我，这便是宜兄。有少于我的，是弟，我能尽其友爱而善抚之，感得为弟的也常常敬我，这便是宜弟。"曾子引之说道："为人君者，必能善处自家的兄弟，如此诗所谓宜兄宜弟，然后可以教那一国之人，使之亦有以宜其兄弟也。不然自家的骨肉尚不能相容，又何以教国人乎？"

【原文】

《诗》云："其仪不忒，正是四国。"其为父子兄弟足法，而后民法之也。

张居正直解 《诗》，是《曹风·鸤鸠》篇。仪，是礼仪。忒字解做差字。四国，是四方之国。诗人说："人君一身所行的礼仪，没有一件差错，便能表正那四国的百姓，而为下民之观法。"曾子引之说道："为人君者，必是自家为父能慈，为子能孝，为兄能友，为弟能恭，所行的件件都足以为人的法则，如此诗所谓其仪不忒，然后百姓皆取法他，父也去慈，子也去孝，兄也去友，弟也去恭，而四国无不正也。不然，自家一身且有差忒，又何以正国人乎？"

【原文】

此谓治国在齐其家。

张居正直解 曾子既引三诗，又总结说："观这三诗所言，虽有不同，皆是说治国在齐其家之意。然则人若欲治其国者，可不先齐家以为之本哉?"

【原文】

所谓平天下在治其国者：上老老而民兴孝；上长长而民兴弟；上恤孤而民不倍。是以君子有絜矩之道也。

张居正直解 这是解释经文治国平天下的说话。下老字，是指父母。上老字，是尽事父母之道。下长字，是指兄长。上长字，是尽事兄长之道。兴，是兴起。恤，是怜爱。孤，是孤幼。倍，是违背。絜，是度。矩，是为方的器具。曾子说："经文所谓欲平天下在先治其国者谓何?盖言天下无不同之心，人心无不同之理，惟人君之倡导何如耳。如上能以事老之道，孝顺自家的父母，则国人便都兴起于孝，而善事其父母矣。上能以事长之道，恭敬自家的兄长，则国人便都兴起于弟，而善事其兄长矣。上能怜爱一家的孤幼，则国人也都如君上一般，慈其孤幼，而无有违背之者矣。这孝、弟、慈三件，上行下效如此，可见人心之理无不同也。一国之人心，既无异于一家，则天下之人心，又岂有异于国乎?所以在上的君子，因此有个絜矩之道，度其必同之心，处以各足之理，使天下凡有孝、弟、慈之愿者，皆得随分以自尽而无有不齐，就如那匠人制器的一般，度之以矩，而使其无不方也。"这絜矩是平天下之要道，解见下文。

【原文】

所恶于上，毋以使下。所恶于下，毋以事上。所恶于前，毋以先后。所恶于后，毋以从前。所恶于右，毋以交于左。所恶于左，毋以交于右。此之谓絜矩之道。

张居正直解 恶，是憎恶，心里不欲的意思。曾子复解絜矩二字之义，说道：“人之相处，有在我上面的，有在我下面的，有在我前后左右的，其心都是一般。假如上面的人以无礼使我，我所不欲也。便以我的心度量在下面的人，知他的心与我一般，亦不可以无礼使之。如下面的人以不忠事我，我所憎恶也，便以我的心度量在上面的人，知他的心与我一般，亦不敢以不忠事之。以此心往前后度量，或在我前面的人，我恶其以不善待我，便不以前人之加于我者而先加于后；在我后面的人，我恶其以不善待我，便不以后人之及于我者而施及于前。以此心往左右度量，或在我右边的人，我有所恶，便不以此交之于左。在我左边的人，我有所恶，便不以此交之于右。这是将人比己，体之无不周，以己处人，施之无不当，上下四方，均齐方正，就如那匠人之制方器，度之以矩而无有不方的一般，所以叫做絜矩之道。”人君用此道以治天下，则天下之人，虽有万万不齐，而于天下之心，皆能一一不拂，天下有不得其平者乎？上文所谓君子有絜矩之道者，盖如此。

【原文】

《诗》云：“乐只君子，民之父母。”民之所好好之；民之所恶恶之。此之谓民之父母。

张居正直解 《诗》，是《小雅·南山有台》篇。只，是语助词。诗人说：“在上位可嘉可乐的君子，即是百姓的父母。”曾子即引此诗而释之说道：“君子居民之上，有君之尊，何以说做父母？盖言君子能以民心为己心，如饱暖安逸之类，是百姓心里所喜好的，君子便因其所好而好之，务要区处使他各得其所。如饥寒劳苦之类是百姓心里所憎恶的，君子便因其所恶而恶之，务要体悉，使他得免于患，是君子之与民同其好恶，如父母之爱其子矣，所以百姓爱戴君子，亦如爱自家的父母一般。”这是能絜矩的，其效如此。

【原文】

《诗》云：“节彼南山，维石岩岩。赫赫师尹，民具尔瞻。”有国者不可以不慎，辟则为天下僇矣。

张居正直解

《诗》，是《小雅·节南山》之篇。师尹，是周太师尹氏。辟，是偏僻。僇字，与刑戮的戮字同义。诗人说：“望着那终南山，截然高大，山上的石头岩岩然堆起来；如今尹氏做着太师，其势位之赫赫显盛，便与那高山一般，百姓都瞻仰着他，却乃好恶不公，罔上行私，以致天下之乱。”这是诗人讥尹氏之辞。曾子解说：“有国家者，既为民所瞻仰，必须常常谨慎，凡事要合乎人心，若是不能絜矩，只徇一己之偏，民所好的不从民便，民所恶的不肯体恤，致得那天下之人都生怨恨，必然众叛亲离，而身与国家不能保守，所以说辟则为天下僇矣。”这是不能絜矩的，其害如此。

【原文】

《诗》云：“殷之未丧师，克配上帝。仪监于殷，峻命不易。”道得众，则得国；失众，则失国。

张居正直解

《诗》，是《大雅·文王》篇。丧，是失。师，是众。配，是对。上帝，是天。仪字当作宜字。监，是看着他的意思。道字解做言字。诗人说："如今殷家失了天下，便是我周家得了。当初殷家祖宗不曾失了众人的时节，也曾受天眷命君主天下，能与天作对来。因他后世子孙行的不好，失了人心，那天命便去了。今后我周家的子孙，就宜看着殷家的事，以为鉴戒，不可像他子孙行的不好。这上天峻大之命，去留无常，岂是容易保守的？曾子解说："诗人所云，盖言为人君者，若能絜矩，而与民同其好恶，便得了众人的心，为民父母而得国。若不能絜矩，而好恶徇一己之偏，便失了众人的心，为天下僇而失国。"盖信乎峻命之难保也，有天下者可不兢兢业业，思所以得人心而保天命乎。

【原文】

是故君子先慎乎德。有德此有人；有人此有土；有土此有财；有财此有用。

张居正直解

是故，是承上启下之辞。慎，是谨慎。德，即经文所谓明德。财，是财货。用，是用度。观上文说的，凡天命人心之得失，皆由于能絜矩与不能絜矩如此，可见有家国者，第一要紧的是修德。所以在上位的君子，虽事事都该谨慎，尤先要格物、致知、诚意、正心、修身的功夫，以谨慎在己之德，不使有一些怠忽昏昧，则己德克修，而絜矩之本立矣。既有了德，那百姓个个都感化归顺，岂不是有人？既有了人，那百姓所住的地方，处处都属其管辖，岂不是有土？既有了土，那土地中所出的诸般货物，自然都来贡献，岂不是有财？既有了财，则国家所需的诸般用度，自然足以供给，岂不是有用？盖君德既慎，则民心自归，其得众得国而有财用，固理之必然者也。

【原文】

德者，本也。财者，末也。

张居正直解 本，是根本。末，是末梢。承上文说："有德则有人有土，而有财用。可见德是为国的根本，第一要紧。财虽日用之不可缺，而有德则自然有财。譬之草木，根本既固则枝梢自然茂盛，但当培其根本可也。夫知德为本，则在所当先，知财为末，则在所当后矣。"君子之所以先慎乎德者，其以是哉。

【原文】

外本内末，争民施夺。

张居正直解 争民，是使民争斗；施夺，是教民劫夺。夫德既是本，乃所当重，财既是末，乃所当轻。若或将这德来看做外事，不思谨慎，将那财来看做自家的，专去聚敛，百姓见在上的人如此，也都仿效，人人以争斗为心，劫夺为务，就如在上的教他一般。所以说争民施夺，这是财货不能絜矩的，其害如此。

【原文】

是故财聚则民散，财散则民聚。

张居正直解 承上文说，外本内末，民便争夺。民既争夺，必致离散。可见义与利不可并行，民与财不可兼得。若是外本内末，聚财于上，财虽聚了，却失了天下的心，那百姓都离心离德而怨叛之，未有财聚而民亦聚者也。若是内本外末，散财于下，财虽散了，却得了天下的心，那百姓都同心爱戴而自然归聚，未有财散而民亦散者也。这两样孰损孰益，有天下者当知所辨矣。

【原文】

是故言悖而出者，亦悖而入；货悖而入者，亦悖而出。

张居正直解 言，是言语。悖，是违悖不顺理。货，是财货。曾子承上文说："财散则民聚，其实民之聚者财不终散；财聚则民散，其实民之散者，财也不终聚；就如言语一般，若将不顺道理的言语加于人，人定也把那不顺道理的言语来回我，是悖而出者亦必悖而入也。若那财货是暴征、横敛，不顺道理取将进来的，终须也还散将出去，保守不得，是悖而入者亦必悖而出也。"不义之财，既是难守，积之何益？为人君者岂可以财为内，而不知所以慎其德乎！

【原文】

《康诰》曰："惟命不于常。"道善则得之，不善则失之矣。

张居正直解 前面说先慎乎德，则有人有土，是能絜矩的。外本内末则悖入悖出，是不能絜矩的。这一节又总结其意。《康诰》，是《周书》篇名。命，是天命。道字解做言字。武王作书告康叔说："惟是上天之命，或去或留，不可为常。"曾子解说："这一句话是说为人君的，若能絜矩，而散财以得民心，便得了天命，所谓得众则得国也。若不能絜矩，而聚财以失民心，便失了天命，所谓失众则失国也。"天命不常如此，人君诚欲保之，岂可外本内末，而不知慎德以尽絜矩之道哉！

【原文】

《楚书》曰："楚国无以为宝；惟善以为宝。"

张居正直解

以下两节，是明不外本而内末之意。《楚书》是楚国史官记事的书。宝是贵重的物。《楚书》说："昔楚国王孙圉聘于晋，晋大夫赵简子问他说：'你楚国中有什么宝贝?'王孙圉对说：'我楚国也没有什么宝，凡金玉珠石之类，皆不以为贵，只是有德的善人，能利生民，能安社稷，便以他为宝也。'"按史，当时楚有臣名观射父，能作命辞，取重于诸侯。又有臣名左史倚相，多读古书，练达典故，使主君能保先世之业，故楚国宝之。夫楚之所宝，不在金玉而在善人，是能不外本而内末者矣。

【原文】

舅犯曰："亡人无以为宝；仁亲以为宝。"

张居正直解

舅犯是晋文公的母舅，名狐偃，字子犯。亡人，指晋文公说。在先晋文公做公子时，避骊姬之难，逃出在外，故称亡人。后来又遍历曹、卫、齐、楚，至于秦国。到秦国时，他父亲献公薨逝，秦穆公劝文公兴兵复国以为晋君，舅犯教文公对说："我出亡之人，不以富贵为宝，只以爱亲为宝，若是有亲之丧，而无哀伤思慕之心，却去兴兵争国，便是不爱亲了，虽得国，不足为宝也。"夫晋之所宝，不在得国而在仁亲，是亦不外本而内末者矣。

【原文】

《秦誓》曰："若有一个臣，断断兮无他技，其心休休焉，其如有容焉，人之有技，若己有之，人之彦圣，其心好之，不啻若自其口出，寔能容之：以能保我子孙黎民，尚亦有利哉。人之有技，媢疾以恶之，人之彦圣，而违之俾不通，实不能容，以不能保我子孙黎民，亦曰殆哉！"

张居正直解

《秦誓》，是秦穆公告群臣的说话。断断，是诚一之貌。技，是才能。休休，是平易宽弘的意思。彦，是俊美。圣，是通明。不啻，解做不但。媢嫉，是妒忌。违，是拂戾。殆，是危。曾子以平天下之道，要紧在于公好恶，用贤才。而欲贤才之进用，又须得一个好大臣，付之以进退人才之任，然后用舍得宜，而国家蒙利也。故引用《书》秦穆公之言说道："我若有一个臣，断断然真诚纯一，他也不逞一己的才能，只是其心休休焉，平易正直，广大宽弘，能容受天下之善，见人有才能的，则心里爱他，如自己有才能一般。见人之俊美通明的则其心喜好之，肫肫恳切，不但如其口中称扬之语而已。这等的人，着实能容受天下的贤才，没有虚假，若用他做大臣，将使君子在位，展布效用，把天下的事，件件都做得好，必能保我子孙，使长享富贵，保我黎民，使长享太平，而社稷受无穷之福矣，不庶几有利于国哉？若是个不良之臣，只要逞自己的才能，全无断断之诚，休休之量，见人有才能的，恐他强过自己，便妒忌憎嫌；见人是个俊美通明的，便百般计较，拂抑阻滞，使他不得通达。这等的人，心私量狭，实是不能容受天下的贤才，若误用他做大臣，将使君子丧气，小人得志，把天下的事，件件都做坏了，如何能保我的子孙使他长久？又如何能保我黎民使他安乐？乱亡之祸，将由此而致矣。不亦岌岌乎危殆哉！”夫国家之治乱，系于大臣之公私如此，则任用大臣者，可以知所择矣。然必人君自公其好恶，方能择任公好恶之大臣，而诚意正心之学，又自公其好恶之本也，欲保其子孙黎民者，不可不知。

【原文】

唯仁人放流之，迸诸四夷，不与同中国。此谓“唯仁人为能爱人，能恶人。”

张居正直解

放流，是发遣。迸，是驱逐的意思。四夷，是四方夷狄之地。曾子说：“那嫉贤妒能的人，若是用他在位，善人必受其害，纵是不用，只与他同处在一国，他也会造谗结党，倾陷善人，不可不遣之远去。但人君牵于私意，姑息了他，所以国家终受其害，独是仁德之君，至公至明，见得这样人为害不浅，即便放弃流徙之，驱逐在四夷边远地面，不许他同住在国中，以为善人之害，盖深恶痛绝，必除根而后已，这正是孔子所谓唯仁人能爱人、能恶人也。”盖仁人之心，至公无私，如明镜之不混于妍媸，权衡之不爽夫轻重，故能使彦圣有技之人，皆得尽其用，而媢嫉之害，不及于国家，盖好恶之极其公，而能絜矩者如此。

【原文】

见贤而不能举，举而不能先，命也。见不善而不能退，退而不能远，过也。

张居正直解 命字，当作慢字。过，是过失。曾子说："贤人能利国家，举之不可不先也。彼人君之不知其贤者，固不足言矣。若明知他是贤人，却不能举用，或虽举用，又迟疑延缓，不能早先用他，这是以怠忽之心待贤人了，岂不是慢？不善之人，妨贤病国，去之不可不远也，彼人君之不知其恶者，固不足言矣，若明知他是不善的人，却不能退黜，或虽退黜，又优柔容隐，不能迸诸远方，是以姑息之心待恶人了，岂不是过？"夫善善而不能用，则何贵于知其善，恶恶而不能远，则何贵于知其恶，故人君之用舍，必任贤勿疑，去邪勿疑而后可，此曾子立言之意也。

【原文】

好人之所恶，恶人之所好，是谓拂人之性。灾必逮夫身。

张居正直解 前面说仁人能爱人，能恶人，是尽絜矩之道的。见贤不能举而先，见不善不能退而远，是未尽絜矩之道的。这一节是说不仁之人，与絜矩相反的。拂，是违拂。灾，是灾害。逮，是及。曾子说："那谗邪乱政的恶人，是人所共恶的，本该退而远之，却乃喜其便己之私，反去信用他，这便是好人之所恶。尽忠为国的善人，是人所共好的，本该举而先之，却乃嫌其拂己之欲，反去疏弃他，这便是恶人之所好。夫好善恶恶乃人生的本性，今人之所恶，却去好他，人之所好，却去恶他，岂不违拂了人生的本性。既拂人性，必失人心，既失人心，必失天命，将见丧家败国，而灾害必及其身。”所谓辟则为天下僇者此也。盖好恶乃人君最要紧处，若好恶不公，举措失当，不止民心不服，亦且那爱民的都去了，害民的都在位，天下实受无穷之祸，毒既流于天下，怨必归于一人，乃自然之理也。好恶之极其私，而不能絜矩者如此。

【原文】

是故君子有大道，必忠信以得之；骄泰以失之。

张居正直解

君子，是有位的人。大道，是絜矩之道。其端发于吾心，而其为用，能使天下之人各得其所，是个荡荡平平的大道理。曾子承上文说：“人之好恶，所以有公私之不同者，以其存心有不同也，是以君子有这絜矩的大道，其得其失，只看他存心何如。盖必忠以尽己而不欺，信以循物而无伪，则一心之中，浑然天理，于那好恶所在，才能以己度人而不差，推己及人而各当，便得了这絜矩的大道。仁人所以能爱人能恶人，而为民父母者此也。若或骄焉而矜夸自尊，泰焉而纵侈自恣，则一心之中私意障塞，于那好恶所在，不惟不肯同于人，且将任己之情，拂人之性，而流于偏僻之归矣，岂不失了这絜矩的大道。”不仁之人所以好人所恶，恶人所好，而灾逮夫身者，此也其得失之几如此，欲平天下者，可不存忠信而戒骄泰哉。

【原文】

生财有大道，生之者众，食之者寡，为之者疾，用之者舒，则财恒足矣。

张居正直解

生，是发生。疾，是急忙的意思。舒，是宽裕。曾子说：“财用乃国家百务所需，当经理发生，使常有余，而所以发生之者，自有个正大的道理。盖货财皆产于地，若务农者少，则地力不尽，财何能生，必严禁那游惰之人，使他们都去务农，这是生之者众。凡官员人役的俸禄，都出于百姓供给，若冗食者多，则钱粮未免虚耗，必将那冗滥的员役裁革了，惟是紧要不可省的方才存留，则冗食者少，百姓易于供给，这是食之者寡。农事各有时候，若差使不时，便迟误了他的农事，须轻省差徭，禁止工作，纵不得已而用民之力，亦必待冬间农隙之时，使百姓都得以急忙去及时田作，这是为之者疾。财用出入，当有定规，若不撙节，未免匮乏，必须算计一年所入之数，以为所出之数，务于三年之中，积出一年的用度，九年之中，积出三年的用度，愈积愈多，使常有宽裕，这是用之者舒。夫生之众，为之疾，则有以开财之源，而其入也无穷。食之寡，用之舒，则有以节财之流，而其出也有限，闾阎不困于聚敛，而府库日见其盈余，常常足用，而不至于缺乏矣。”这是经国久远的规模，非一切权宜之小术可比，所以谓之大道也。然则有国者，岂必外本内末，而后财可聚哉？

【原文】

仁者以财发身。不仁者以身发财。

张居正直解

发，是生发兴旺的意思。曾子说："仁德之君，知道那生财的大道，只要使百姓富足，不肯专利于上，由是天下归心，而安处富贵崇高之位，这便是舍了那货财，去发达自己的身子。不仁之君，不知生财的大道，只要聚财于上，不管百姓贫苦，由是天下离心，有败国亡身之祸，这便是舍着自己的身子，去生发那财货。"夫以财发身者，本不求财也，而民心既得，实未尝无财。以身发财者，本以奉身也，而乃至于丧身，则财将何用哉！其利害之迥绝不待较而知者也。

【原文】

未有上好仁，而下不好义者也。未有好义，其事不终者也。未有府库财，非其财者也。

张居正直解

上，是君上。下，指百姓说。终，是成就的意思。曾子承上文仁者以财发身说："君之爱民，仁也；民之忠于上，义也。上不好仁，而下不好义者有矣。若为人上者，轻徭薄赋，节用爱民，使百姓都得其所，则那百姓便都感激爱戴如人子之于父母，手足之于腹心，各输忠悃以自效矣，岂有不好义以忠其上者哉？下不好义，固有不终其君之事者，今下既好义，则事使之分明，而爱戴之情切，把君上的事，就如自己的家事一般，皆为之踊跃趋赴，而竭力以图成矣。岂有有始无终使不能成就者哉？下不好义而人心离畔，固有不能保其府库之财者。"今下既好义，则民供给于下，而君安富于上，把府库的财货就如自家的财货一般，皆为之防护保守，而长保其所有矣，岂有争夺悖出，使不能受享者哉？下之好义而能忠于上者，其效如此，莫非上之好仁启之也。然则为人上者，可不以志仁为务哉！

【原文】

孟献子曰："畜马乘，不察于鸡豚。伐冰之家，不畜牛羊。百乘之家，不畜聚敛之臣。与其有聚敛之臣，宁有盗臣。"此谓国不以利为利，以义为利也。

张居正直解

孟献子，是鲁国的贤大夫。畜，是畜养。马四四为乘，古时为大夫的，君赐之车，得用四马驾之。畜马乘，是士初试为大夫者也。察，是料理的意思。伐，是凿而取之。伐冰之家是卿大夫以上丧祭得用冰者，百乘之家是诸侯之卿有采地十里，可出兵车百辆的。孟献子说："畜马乘的人家，已自有了俸禄，不当又理论那鸡豚小事，以侵民之利。伐冰的人家，俸禄越发厚了，不当又畜养牛羊，以侵民之利。百乘的人家，他的俸禄用度，既有百姓的赋税供给，不当又畜养那聚敛之臣，额外设法，以夺取民财。比似有聚敛财货之臣，宁可有盗窃府库之臣。盖盗臣，止于伤己之财，而聚敛之臣，则至于伤民之命，其何忍畜之以为民害耶？"孟献子之言如此。曾子解说："孟献子这几句言语，正是说有国家者，不当私利于己，而以利为利，只当公利于民，而以义为利也。"盖以利为利，则失了人心，败了国家，本是求利，却反有害。以义为利，则有人、有土、有财用，虽不求利，而利在其中矣。人君欲利其国家者，宜辨于斯。

【原文】

长国家而务财用者，必自小人矣。彼为善之，小人之使为国家，菑害并至，虽有善者，亦无如之何矣。此谓国不以利为利，以义为利也。

张居正直解 上一节言为国者，当以义为利。此又言求利之有害也。长国家，是一国的君长。自字，解做由字。彼为善之一句，疑有阙误，其义未详。灾是天灾，害是人害。曾子说："长国家者，当以义制利，而乃有专务聚敛财用者，岂是那为君上的本意要这等做，必是有奸利小人，欲借此以希宠求进，乃倡为敛财富国之说，以投其君之所好，人君不察而信用之，是以外本内末，专务财用，自此始矣。这等小人，若使他治国家，则必以聚敛为长策，以掊克为善谋，夺民之财，以奉君之欲，将使民穷财尽，怨詈号呼，伤天地之和，生离畔之心，天灾人害，纷然并至，到这时节，虽有善人君子，也救不得了，求利之害如此。所以说，有国家者，必不可以利为利，但当以义为利也。通看这一章书，可见治平之要，只是一个絜矩。絜矩之事，不止一端，而其大者，则在用人理财，用人理财皆与民同，不私一己，便是絜矩。然其本，则曰慎德、曰忠信，又在人君自明其德，自诚其意，方才知得千万人之心，即一人之心，而能以我一人之心，为千万人之心，此又絜矩之本，惟圣明留意焉。

中　庸

《中庸》原是《礼记》中的一篇，为战国时子思作。全篇以“中庸”作为最高的道德准则和自然法律。宋代把它与《大学》、《论语》、《孟子》并列为“四书”。中是无所偏，庸是不可易。子思以天下的道理，本是中正而无所偏倚，平常而不可改易。但世教衰微，学术不明，往往流于偏僻，好为奇怪，而自失其中庸之理，故作此书以发明之，就名为《中庸》。

【原文】

天命之谓性；率性之谓道；修道之谓教。

张居正直解

这是《中庸》首章，子思发明道之本原如此。命字，解做令字。率，是循。修，是品节裁成的意思。子思说："天下之人，莫不有性，然性何由而得名也，盖天之生人，既与之气以成形，必赋之理以成性，在天为元亨利贞，在人为仁义礼智，其禀受付畀，就如天命令他一般，所以说，天命之谓性。天下之事，莫不有道，然道何由而得名也？盖人物各循其性之自然，则其日用事物之间，莫不各有当行的道路，仁而为父子之亲，义而为君臣之分，礼而为恭敬辞让之节，智而为是非邪正之辨，其运用应酬，不过依顺着那性中所本有的，所以说率性之谓道。若夫圣人敷教以化天下，教又何由名也。盖人之性道虽同，而气禀不齐，习染易坏，则有不能尽率其性者。圣人于是因其当行之道，而修治之，以为法于天下，节之以礼，和之以乐，齐之以政，禁之以刑，使人皆遵道而行，以复其性，亦只是即其固有者裁之耳，而非有所加损也，所以说修道之谓教。夫教修乎道，道率于性，性命于天，可见道之大原出于天者矣。知其为天之所命，而率性修道之功，其容已乎？

【原文】

道也者，不可须臾离也；可离，非道也。是故君子戒慎乎其所不睹，恐惧乎其所不闻。

张居正直解

须臾，是顷刻之间。睹，是看见。闻，是听闻。戒慎、恐惧，都是敬畏的意思。承上文说，道既源于天、率于性，可见这个道与我身子合而为一，就是顷刻之间，也不可离了他。此心、此身方才离了，心便不正，身便不修。一事一物方才离了，事也不成，物也不就，如何可以须臾离得？若说可离，便是身外的物，不是我心上的道，道决不可须臾离也。夫惟道不可离，是以君子之心，常存敬畏，不待目有所睹见，而后戒慎，虽至静之中，未与物接，目无所睹，而其心亦常常戒慎而不敢忽。不待耳有所听闻，而后恐惧，虽至静之中，未与物接，耳无所闻，而其心亦常常恐惧而不敢忘，这是静而存养的功夫。所以存天理之本然，而不使离道于须臾之顷也。

【原文】

莫见乎隐，莫显乎微。故君子慎其独也。

张居正直解

这一节是说君子于戒慎恐惧中，又有一段省察的功夫。隐，是幽暗之处。微，是细微之事。独，是人不知而己独知的去处。子思说：“人于众人看见的去处，才叫做著见明显，殊不知他人看着自家，只是见了个外面，而其中纤悉委曲，反有不能尽知者。若夫幽暗之中，细微之事，形迹虽未彰露，然意念一发，则其机已动了。或要为善，或要为恶，自家看得甚是明白。是天下之至见者，莫过于隐，而天下之至显者，莫过于微也。这个便是人所不知而自己独知的去处，乃善恶之所由分，最为要紧，所以体道君子，于静时虽已尝戒慎恐惧，而于此独知之地，更加谨慎，不使一念之不善者，得以潜滋暗长于隐微之中，以至于离道之远也。”夫存养省察，动静无间，道岂有须臾之离哉。

【原文】

喜、怒、哀、乐之未发，谓之中。发而皆中节，谓之和。中也者，天下之大本也。和也者，天下之达道也。

张居正直解

中节，是合着当然的节度。本，是根本。达，是通行的意思。道，是道路。子思承上文发明道不可离之意说道："凡人每日间与事物相接，顺着意便欢喜，拂着意便恼怒，失其所欲便悲哀，得其所欲便快乐，这都是人情之常。当其事物未接之时，这情未曾发动，也不着在喜一边，也不着在怒一边，也不着在哀与乐一边，无所偏倚，这叫做中。及其与事物相接，发动出来，当喜而喜，当怒而怒，当哀而哀，当乐而乐，一一都合着当然的节度，无所乖戾，这叫做和，然这中即是天命之性，乃道之体也。虽是未发，而天下之理皆具，凡见于日用彝伦之际，礼乐刑政之间，千变万化，莫不以此为根底，譬如树木的根本一般，枝枝叶叶都从这里发生，所以说天下之大本也。这和，即是率性之道，乃道之用也。四达不悖，而天下古今之人，皆所共由，盖人虽不同，而其处事皆当顺正，其应物皆当合理。譬如通行的大路一般，人人都在上面往来，所以说天下之达道也。"夫道之体用，不外于心之性情如此。若静而不知所以存之，则失其中而大本不立，动而不知所以察之，则失其和而达道不行矣。此道之所以不可须臾离也。

【原文】

致中和，天地位焉，万物育焉。

张居正直解 这一节是体道的功效。致，是推到极处；位，是安其所；育，是遂其生。子思说："中固为天下之大本，然使其所存者少有偏倚，则其中犹有所未至也。和固为天下之达道，然使其所发者少有乖戾，则其和犹有所未至也。故必自不睹不闻之时，所以戒慎恐惧者，愈严愈敬，以至于至静之中，无有一些偏倚，是能推到中之极处，而大本立矣。尤于隐微幽独之际，所以谨其善恶之几者，愈精愈密以至于应物之处，无有一些差谬，是能推到和之极处，而达道行矣。由是吾之心正，而天地之心亦正，吾之气顺，而天地之气亦顺，七政不愆，四时不忒，山川岳渎，各得其常，而天地莫不安其所矣。少有所长，老有所终，动植飞潜，成若其性，而万物莫不遂其生矣。"盖天地万物，本吾一体，而中和之理，相为流通，故其效验至于如此，然则尽性之功夫，人可不勉哉？

【原文】

仲尼曰："君子中庸，小人反中庸。"

张居正直解 仲尼，是孔子的字。反，是违背。子思引孔子之言说道："中庸是不偏不倚、无过不及、平常的道理，虽为人所同有，然惟君子方能体之，其日用常行，无不是这中庸的道理。若彼小人便不能了，其日用常行，都与这中庸的道理相违背矣。"

【原文】

"君子之中庸也，君子而时中。小人之反中庸也，小人而无忌惮也。"

■ 张居正直解

时中，是随时处中。子思解释孔子之言说道："中庸之理，人所同得，而惟君子能之，小人不能者何故？盖人之体道，不过动静之间。君子所以能中庸者，以其戒慎不睹，恐惧不闻，既有了君子之德，而应事接物之际，又能随时处中，此其所以能中庸也。小人之所以反中庸者，以其静时不知戒慎恐惧，所存者既是小人之心，而应事接物之际，又肆欲妄行，无所忌惮，此其所以反中庸也。"君子小人，只在敬肆之间而已。

【原文】

子曰："中庸其至矣乎！民鲜能久矣。"

■ 张居正直解

至，是极至。鲜，是少。子思引孔子之言说："天下之事，但做的过了些，便为失中，不及些，亦为未至，皆非尽善之道。惟中庸之理，既无太过，亦无不及，只是日用常行，而其理自不可易，乃天理人情之极致，尽善尽美而无以复加者也。然这道理，人人都有，本无难事，但世教衰微，人各拘于气禀，囿于习俗，而所知所行，不流于太过，则失之不及，少有能此中庸者，今已久矣。"

【原文】

子曰："道之不行也，我知之矣：知者过之，愚者不及也。道之不明也，我知之矣：贤者过之，不肖者不及也。"

■ 张居正直解

子思引孔子之言以明中庸鲜能之故，说道："这中庸的道理，就如大路一般，本是常行的，今乃不行于天下，我知道这缘故，盖人须是认得这道路，方才依着去行。而今人的资质，有生得明智的，深求隐僻，其知过乎中道，既以中庸为不足行；那生得愚昧的，安于浅陋，其知不及乎中道，又看这道理是我不能行的。此道之所以常不行也。这道又如白日一般，本是常明的，今乃不明于天下，我知道这缘故，盖人须是行过这道路，方才晓得明白，而今人的资质，有生得贤能的，好为诡异，其行过乎中道，既以中庸为不足知；那生得不肖的，安于卑下，其行不及乎中道，又看这道理是我不能知的。此道之所以常不明也。”

【原文】

“人莫不饮食也，鲜能知味也。”

张居正直解

孔子又说：“那知愚贤不肖之过不及，虽是他资质如此，却也是不察之过。盖道率于性，乃人生日用之不能外者，其中事事物物都有个当然之理，便叫做中。但人由之而不察，是以陷于太过不及而失其中。譬如饮食一般，人于每日间谁不饮食，只是少有能知其滋味之正者。”若饮食而能察，则不出饮食之外而自得其味之正，由道者而能察，则亦不出乎日用之外，而自得乎道之中矣。

【原文】

子曰：“道其不行矣夫。”

张居正直解

孔子说：“中庸之道因是不明于天下，是以不行于天下。”子思引之，盖承上章启下章之意。

【原文】

子曰："舜其大知也与！舜好问而好察迩言。隐恶而扬善。执其两端，用其中于民。其斯以为舜乎！"

张居正直解

前章说道之所以不明不行，此章举大舜之事，以见其能知能行也。察，是审察。迩言，是浅近的言语。隐，是隐匿。扬，是播扬。执，是持。两端，是众论不同的极处。中，是恰好的道理。民字解做人字，古民人字通用，如先民、天民、逸民之类。子思引孔子之言说："人非明知无以见天下的道理，然有大知有小知，若古之帝舜，其为大知也与！何以见之，盖天下之义理无穷，而一人之知识有限，若自用而不取诸人，其知便小了。舜则不然，但凡要处一件事，不肯自谓这件事情我已知道了，必切切然访问于人，说这事该如何处，问来的言语，不但深远的去加察，虽是极浅近的，也细细的审察，恐其中亦有可采处，不敢忽也。于所问所察之中，虽有说得不当理的，只是不用他便了，初未尝宣露于人，恐沮其来告之意。若说得当理的，则不但用其言，又向人称述嘉奖他，以坚其乐告之心。然其言之当理者，固在所称许，而其中或有说得太过些的，或有不及些的，未必合于中也。于是就众论不同之中，持其两端而权衡量度以求其至当归一者而后用之，这至当归一处，叫做中；然这中亦只是就众人所说的，裁择而用之，舜未尝以一毫之己意与其间也，所以说用其中于民。夫舜，大圣人也，今之言舜者，必将谓其聪明睿智，有高天下而不可及者。今观舜之处事，始终只是用人之长，无所意必。盖不持一己之聪明，而以天下之聪明为聪明，故其聪明愈广。不持一己之智识，而以天下之智识为智识，故其智识愈大。舜之所以为舜者，其以是乎?”此知之所以无过不及，而道之所以行也。孟子说：舜自耕稼陶渔，以至于为帝，无非取诸人者，亦是此意。此一章书于治道尤切，万世为君者所当法也。

【原文】

子曰：“人皆曰予知，驱而纳诸罟擭陷阱之中，而莫之知辟也。人皆曰予知，择乎中庸，而不能期月守也。”

张居正直解

驱，是逐。罟，是网。擭，是机槛。陷阱，是掘的坑坎，皆所以掩取禽兽者。期月，是满一月。子思引孔子之言说：“如今的人，与他论利害，个个都说我聪明有知，既是有知，则祸机在前自然晓得避了，却乃见利而不见害，知安而不知危，被人驱逐在祸败之地，如禽兽落在网罟陷阱里一般，尚自恬然不知避去，岂得为知？就如而今的人，与他论道理，也都说我聪明有知，既是有知，便有定见，有定见便有定守，今于处事之时，才能辨别出个中庸的道理来，却又持守不定，到不得一月之间，那前面的意思就都遗失了。如此，便与不能择的一般，岂得为知?”惟其知之不明，是以守之不固，此道之所以不明也。

【原文】

子曰：“回之为人也，择乎中庸，得一善，则拳拳服膺而弗失之矣。”

张居正直解

回，是孔子弟子，姓颜名回。择，是辨别。善，即是中庸之理。拳拳，是恭敬奉持的意思。服，是着。膺，是胸。孔子说："天下事事物物都有个中庸的道理，只是人不能择，那能择的，又不能守。独有颜回之为人，他每日间就事事物物上仔细详审，务要辨别个至当恰好的道理，但得了这一件道理，便去躬行实践，拳拳然恭敬奉持着在心胸之间，守得坚定，不肯顷刻忘失了。"这是颜回知得中庸道理明白，故择之精而守之固如此。此行之所以无过不及，而道之所以明也。

【原文】

子曰："天下国家，可均也；爵禄，可辞也；白刃，可蹈也；中庸不可能也。"

张居正直解

均，是平治。蹈，是践履的意思。孔子说："天下国家，事体繁难，人民众多，虽是难于平治，然人有资质明敏，近于知的，也就可以平治得，这个不为难事。爵禄人所系恋，虽是难于辞却，然人有资质廉洁，近于仁的，也可以辞得，这个亦不为难事。白刃在前，死生所系，虽是难于冒犯，然人有资质强毅，近于勇的，他也能冒白刃而不惧，这个也不为难事。惟是中庸的道理，不偏不倚，无过不及，本是人日用常行的，看着恰似容易，然非义精仁熟，而无一毫人欲之私者，则知之未真，守之未定，不是太过，便是不及，求其不偏不倚，而至当精一，岂易能哉！所以说中庸不可能也。"惟其难能，此民之所以鲜能，而有志于是者，不可不实用其力矣。

【原文】

子路问强。子曰："南方之强与，北方之强与，抑而强与？"

张居正直解 此承上章中庸不可能而言，须是有君子之强，方才能得。子路，是孔子弟子。而字解做汝字。子路平日好勇，故问孔子说：“如何叫做强?”孔子答他说：“这强有三样，有一样是南方人的强；有一样是北方人的强；不知你所问的，是南方人之强与？是北方人的强与？抑或是汝学者之所当强者与?”

【原文】

宽柔以教，不报无道，南方之强也。君子居之。

张居正直解 宽，是含容。柔，是巽顺。无道，是横逆不循道理的。居，是处。孔子告子路说：“如何是南方之强，彼人有不及的，我教诲之，就是他不率教，也只含容巽顺慢慢地化导他。人有以横逆加我的，我但直受之，虽被耻辱，也不去报复他，这便是南方之强。盖南方风气柔弱，故其人能忍人之所不能忍，而以含忍之力胜人为强，然犹近于义理，有君子之道焉，故君子居之。这一样强，是不及乎中庸者，非汝之所当强也。”

【原文】

衽金革，死而不厌，北方之强也。而强者居之。

张居正直解 衽，是卧的席。金，是刀枪之类。革，是盔甲之类。孔子又告子路说：“如何是北方之强，那刀枪盔甲是征战厮杀的凶器，人所畏怕的，今乃做卧席一般，恬然安处，就是战斗而死，也无厌悔之意，这便是北方之强。盖北方风气刚劲，故其人能为人之所不敢为，而以果敢之力胜人为强。然纯任血气，不顾义理，乃强者之事也，故强者居之。这一样强，是过乎中庸者，亦非汝之所当强也。”

【原文】

故君子和而不流；强哉矫。中立而不倚；强哉矫。国有道，不变塞焉；强哉矫。国无道，至死不变；强哉矫。

张居正直解

这一节是说学者之所当强。矫，是强健的模样。强哉矫，是赞叹之辞。倚，是偏着。变，是改变。塞，是未达。孔子说：“常人之所谓强者，在能胜人，而君子之所谓强者，在能以义理自胜其私欲，使义理常伸，而不为私欲所屈，才是君子之强，而非如南方北方之囿于风气者可比也。且如处人贵和，而和者易至于流，而君子之处人，蔼然可亲，而其中自有个主张，决不肯随着人做一些不好的事。此非以义理自胜其私欲者不能也，所以说强哉矫。处己贵于中立，而中立易至于倚。君子处己卓然守正，而始终极其坚定，决不致欹邪倾侧，倚靠在一边，此非以义理自胜其私欲者不能也，所以说强哉矫。人于未达时，也有能自守的，及其既达，便或改变了。君子当国家有道，达而富贵，只以行道济时为心，不肯便生骄溢，变了未达时的志行。此非以义理自胜其私欲者不能也，所以说强哉矫。人处顺境时，也有能自守的，及至困厄，便或改变了；君子当国家无道，穷而困厄，只以守义安命为主，便遇着大祸患至于死地，也不肯改了平生的节操，此非以义理自胜其私欲者不能也，所以说强哉矫。君子之强如此，天下之物无有能屈之者矣，岂非汝等学者之所当强者哉！”子思引孔子之言如此，以见必有此强然后能体中庸之道也。

【原文】

子曰：“素隐行怪，后世有述焉：吾弗为之矣。”

张居正直解 素字当作索字，索是求。隐，是隐僻。怪，是怪异。述，是称述。子思引孔子之言说：“世间有一等好高的人，于日用所当知的道理，以为寻常不足知，却别求一样深僻之理，要知人之所不能知。于日用所当行的道理，以为寻常不足行，却别做一样诡异之行，要行人之所不能行，以此欺哄世上没见识的人，而窃取名誉。所以后世也有称述之者，此其知之过而不择乎善，行之过而不用乎中，不当强而强者也。若我则知吾之所当知，行吾之所能行，这素隐行怪之事，何必为之哉！所以说吾弗为之矣。”

【原文】

君子遵道而行，半途而废，吾弗能已矣。

张居正直解 遵，是循。道，是中庸之道。途，是路。废，是弃。已，是止。孔子说：“那索隐行怪的人，固不足论，至于君子，择乎中庸之道，遵而行之，已自在平正的大路上走了，却乃不能实用其力，行到半路里，便废弃而不进，此其智虽足以及之，而仁有不逮，当强而不强者也。若我则行之于始，必要其终，务要到那尽头的去处，岂以半途而自止乎？所以说吾弗能已矣。”

【原文】

君子依乎中庸，遁世不见知而不悔，唯圣者能之。

张居正直解 依，是随顺不违的意思。遁，是隐遁。悔，是怨悔。孔子说："前面太过不及的，都非君子之道。若是君子，他也不去索隐，也不去行怪，所知所行，一惟依顺着这中庸的道理，终身居之以为安，又不肯半途便废了，虽至于隐居避世，全不见知于人，他心里确然自信，并无怨悔之意，此乃智之尽，仁之至，不赖勇而裕如者，这才是中庸之成德，然岂我之所能哉！惟是德造其极的圣人，然后能之耳。"然夫子既不为索隐行怪，则是能依乎中庸矣。既不半途而止，则自能遁世不知而不悔矣。虽不以圣人自居，而其实岂可得而辞哉！

【原文】

君子之道，费而隐。

张居正直解 道，即是中庸之道，惟君子为能体之，所以说君子之道。费，是用之广。隐，是体之微。子思说："君子之道，有体有用，其用广大而无穷，其体则微密不可见也。"

【原文】

夫妇之愚，可以与之焉，及其至也，虽圣人亦有所不知焉。夫妇之不肖，可以能行焉，及其至也，虽圣人亦有所不能焉。天地之大也，人犹有所憾。故君子语大，天下莫能载焉，语小，天下莫能破焉。

张居正直解

子思承上文说：“这中庸之道，虽不出乎日用事物之常，而实通极乎性命精微之奥。以知而言，虽匹夫匹妇之昏愚者，也有个本然的良知，于凡日用常行的道理，他也能知道，若论到精微的去处，则虽生知的圣人，亦不能穷其妙也。以行而言，虽匹夫匹妇之不肖者也有个本然的良能，于凡日用常行的道理，他也能行得，若论到高远的去处，则虽安行的圣人，亦不能造其极也。不但圣人，虽天地如此其大也，然而或覆载生成之有偏，或寒暑灾祥之失正，亦不能尽如人意，而人犹有怨憾之者。夫近自夫妇之所能知能行，远而至于圣人天地之所不能尽，可见道无所不在矣。故就其大处说，则其大无外，天下莫能承载得起。盖虽天地之覆载，亦莫非斯道之所运用也，岂复有出于其外而能载之者乎？就其小处说，则其小无内，天下莫能剖破得开，盖虽事物之细微，亦莫非斯道之所贯彻也，又孰有入于其内而能破之者乎？”君子之道如此，可谓费矣，而其所以然者，则隐而莫之见也，所以说君子之道费而隐。

【原文】

《诗》云：“鸢飞戾天；鱼跃于渊。”言其上下察也。

张居正直解

《诗》，是《大雅·旱麓》篇。鸢，是鸱鸟之类。戾，是至。渊，是水深处。其字，指此理说。察，是昭著。诗人说：“至高莫如天，而鸢之飞，则至于天。至深莫如渊，而鱼之跃，则在于渊。”子思解说：“天地之间无非物，天地之物无非道，《诗》所谓鸢飞戾天者，是说道之昭著于上也。鱼跃于渊者，是说道之昭著于下也。盖化育流行，充满宇宙，无高不届，无深不入，举一鸢，而凡成象于天者皆道也。举一鱼，而凡成形于地者皆道也。道无所不在如此，可谓费矣。”而其所以然者，则非见闻所及，岂不隐乎。

【原文】

君子之道，造端乎夫妇；及其至也，察乎天地。

张居正直解

造端，是起头的意思。至，是尽头的意思。子思又总结上文说：“道之在天下，虽以夫妇之愚不肖，也有能知能行的。虽以圣人知行之广，也有不能尽的。这等看来，可见君子之道自其近小而言，则起自夫妇居室之间而无所遗，若论到尽头的去处，则昭著于天高地下之际而无所不有。所以君子戒谨慎独，从夫妇知能的做起，以至于位天地育万物，则道之察乎天地者在我矣。”

【原文】

子曰：“道不远人。人之为道而远人，不可以为道。”

张居正直解

子思引孔子之言说：“所谓率性之道，只在君臣、父子、夫妇、长幼、朋友之间，固众人之所能知能行而未尝远于人也。人之为道者，能即此而求，便是道了。若或厌其卑近，以为不足为，却乃离了君臣父子夫妇长幼朋友之间，而务为高远难行之事，则所知所行，皆失真过当而不由夫自然，岂所谓率性之道哉！所以说，不可以为道。”

【原文】

“《诗》云：‘伐柯伐柯，其则不远。’执柯以伐柯，睨而视之。犹以为远。故君子以人治人，改而止。”

张居正直解

《诗》是《豳风·伐柯》篇。伐，是砍木。柯，是斧柄。则，是样子。睨，是邪视。以，是用。诗人说：“手中执着斧柄，去砍木做斧柄，其长短法则，不必远求，只手中所执的便是。”孔子说：“执着斧柄去砍斧柄，法则虽是不远，然毕竟手里执的是一件，木上砍的又是一件，自伐柯者看来犹以为远。若君子之治人则不然，盖为人的道理就在各人身上，是天赋他原有的，所以君子就用人身上原有的道理，去责成人，如责人之不孝，只使之尽他本身上所有的孝道。责人之不弟，只使之尽他本身上所有的弟道，其人改而能孝能弟，君子便就罢了。更不去分外过求他。推之凡事，莫不如此。这是责之以其所能知能行，非欲其远人以为道也。”

【原文】

“忠恕违道不远。施诸已而不愿，亦勿施于人。”

张居正直解

尽己之心叫做忠，推已及人叫做恕。违，是彼此相去的意思。道，是率性之道。孔子说：“道不远人，但多蔽于私意，惟知有己而不知有人，所以施于人者，不得其当，而去道远矣。若能尽己之心，而推以及人，虽是物我之间，未能浑化而两忘，然其克己忘私，去道亦不相远矣。忠恕之事何如。如人以非礼加于我，我心所不愿也。则以己之心度人之心，知其与我一般，亦不以非礼加之于人，这便是忠恕之事。以此求道，则施无不当，而其去道不远矣。”

【原文】

“君子之道四，丘未能一焉：所求乎子，以事父，未能也；所求乎臣，以事君，未能也；所求乎弟，以事兄，未能也；所求乎朋友，先施之，未能也。庸德之行，庸言之谨；有所不足，不敢不勉；有馀，不敢尽。言顾行，行顾言。君子胡不慥慥尔。”

张居正直解

求，是责望人的意思。先施，是先加于人。庸，是平常。行，是践其实。谨，是择其可。慥慥，是笃实的模样。孔子说：“君子之道有四件，我于这四件道理，一件也不能尽得。四者谓何？如为子之道在于孝，我之所责乎子者固欲其孝，然反求诸己，所以事吾父者，却未能尽其孝也。为臣之道在于忠，我之所责乎臣者固欲其忠，然反求诸己，所以事吾君者，却未能尽其忠也。为弟之道在于恭，我之所责乎弟者，固欲其尽恭于我，然反求诸己，所以事吾兄者，却未能尽出于恭也。朋友之道在于信，我之所责乎朋友者，固欲其加信于我，然反求诸己，所以先施于彼者，却未能尽出于信也。君子之道我固未能矣，然亦不敢不以此自修。盖这孝弟忠信，本是日月平常的道理，以是道而体诸身，谓之庸德。庸德则行之而皆践其实。以是道而发于口，谓之庸言。庸言则谨之而惟择其可，然行常失于不足，有不足处不敢不勉力做将去，如此则行亦力。言常失于有余，若有余处不敢尽底说将出来，如此则谨益至。谨之至，则说出来的，都与所行的相照顾，无有言过其实者矣。行之力，则行将去的，都与所言的相照顾，无有行不逮言者矣。言行相顾如此，岂不是慥慥笃实之君子乎？此我之所当自修者也。”这一节说道只在子、臣、弟、友、庸言、庸行之间，是道不远人。说以责人者责己，要言行相顾，是不远人以为道之事。

【原文】

君子素其位而行，不愿乎其外。

张居正直解 素，是见在的意思。位，是所居的地位。愿，是愿慕。外，是本分之外。子思说："人之地位不同，然各有所当行的道理，若不能自尽其道，而分外妄想，便不是君子了。君子但因其见在所居的地位，而行其所当行的道理，未尝于本分之外，别有所愿慕。"盖本分之内，其道皆不易尽，既欲尽道其间，自不暇乎其外也。

【原文】

素富贵，行乎富贵；素贫贱，行乎贫贱；素夷狄，行乎夷狄；素患难，行乎患难。君子无入而不自得焉。

张居正直解 自得，是安舒的意思。子思说："人之所道，有顺逆之不同，唯君子能随寓而尽其道。如见在富贵，便行处富贵所当为的事，而不至于淫。见在贫贱，便行处贫贱所当为的事，而不至于滥。或见在夷狄，便行处夷狄所当为的事，而不改其行。或见在患难，便行处患难所当为的事，而不变其守。身之所处虽有不同，而君子皆尽其当为之道，道在此，则乐亦在此，盖随在而皆宽平安舒之所也。所以说，无人而不自得焉，上文所谓素位而行者盖如此。

【原文】

在上位，不陵下；在下位，不援上；正己而不求于人，则无怨。上不怨天，下不尤人。

张居正直解

陵，是陵虐。援，是攀援。怨，是怨恨。尤，是归罪于人的意思。子思说："所谓君子之心不愿乎其外者，何以见之？大凡人君居上位，则好作威以陵乎下，居下位，则好附势以援乎上。君子则不然，他虽在上位，也不肯陵虐那在下的人，虽在下位，也不肯攀援那在上的人。夫陵下不从，必怨其下，援上不得，必怨其上。今在上在下但知正己而无所求取于人，如此，则又何怨之有？但见心中泰然，虽上而不得于天，也只顺受其正，而无所怨憾于天，虽下而不合于人，也只安于所遇，而无所罪尤于人。"盖既无所求，则自不见其相违，既不见其相违，则自无所怨尤矣。君子之心不愿乎其外如此。

【原文】

故君子居易以俟命，小人行险以徼幸。

张居正直解

易，是平地。俟，是等待。命，是天命。险，是不平稳的去处。徼，是求。幸，是不当得而得的。子思承上文说："君子惟素位而行，故随其所寓，自安居在平易的去处。其穷通得丧，一听候着天命，无有慕外的心。小人却有许多机巧变诈，常行着险阻不平稳的去处，而妄意分外趋利避害，以求理之不当得者。君子小人其不同如此。"

【原文】

子曰："射有似乎君子。失诸正鹄，反求诸其身。"

张居正直解

正、鹄，都是射箭的靶子。书在布上叫做正，栖在皮上叫做鹄。孔子说：“射箭虽是技艺，然有似乎君子，何以见之？盖君子凡事，只是正己而不求于人，那射箭的，若失了正鹄不中，只是反求诸己射的不好，更不怨那胜己的人，这即是正己而无求于人的意思，所以说射有似乎君子。”子思引此以结上文素位而行，不愿乎外之意。

【原文】

君子之道，辟如行远必自迩，辟如登高必自卑。

张居正直解

迩，是近处。卑，是低处。子思说：“君子之道，虽无所不在，而求道之功，则必以渐而进，谨于日用常行之间，而后可造于尽性至命之妙，审于隐微幽独之际，而后可收夫中和位育之功。譬如人要往远处去，不能便到那远处，必先从近处起，一程一程行去，然后可以至于远。譬如人要上高处去，不能便到那高处，必先从低处起，一步一步上去，然后可以升于高。”君子之道，正与行远登高的相似，未有目前日用隐微处，有不合道理，而于高远之事方能合道者也。然则有志于高远者当知所用力矣。

【原文】

《诗》曰：“妻子好合，如鼓瑟琴。兄弟既翕，和乐且耽。宜尔室家，乐尔妻孥。”子曰：“父母其顺矣乎。”

张居正直解

鼓，是弹。瑟、琴，都是乐器。翕，是合。耽，是久。孥是子孙。顺，是安乐的意思。子思承上文说进道有序，故引《小雅》之诗说道：“人能于闺门之内，妻子情好契合，如鼓瑟弹琴一般，无有不调合处。兄弟之间，翕然友爱，既极其和乐，又且久而不变，则能宜尔之室家，乐尔之妻孥矣。”诗之所言如此。孔子读而赞叹之说道：“人惟妻子不和，兄弟不宜，多贻父母之忧。今能和于妻子，宜于兄弟，一家之中，欢欣和睦如此，则父母之心，其亦安乐而无忧矣乎。”夫以一家言之，父母是在上的，妻子兄弟是在下的，今由妻子兄弟之和谐，遂致父母之安乐，是亦行远自迩、登高自卑之一验也。然则学者之于道，岂可不循序而渐进哉！

【原文】

子曰：“鬼神之为德，其盛矣乎？”

张居正直解

鬼神，即是祭祀的鬼神，如天神、地祇、人鬼之类。为德，犹言性情功效。孔子说：“鬼神之在天地间，微妙莫测，神应无方，其为德也，其至盛而无以加乎。”其义见下文。

【原文】

视之而弗见；听之而弗闻；体物而不可遗。

张居正直解

孔子说：“何以见鬼神之德之盛；盖天下之物，凡有形者皆可见，惟鬼神无形，虽视之不可得而见也。凡有声者，皆可闻，惟鬼神无声，虽听之不可得而闻也。然鬼神虽无形与声，而其精爽灵气，昭著于人心目之间，若有形之可见、声之可闻者，不可得而遗忘之也。夫天下之物涉于虚者，则终于无而已矣，滞于迹者，则终于有而已矣。若鬼神者，自其不见不闻者言之，虽入于天下之至无，自其体物不遗者言之，又妙乎天下之至有，其德之盛为何如哉！”然其所以然者，一实理之所为也。

【原文】

使天下之人，齐明盛服，以承祭祀。洋洋乎，如在其上，如在其左右。

张居正直解

齐，是斋戒。明，是明洁。盛，是盛美的祭服。洋洋，是流动充满的意思。左右，是两旁。孔子说：“何以见鬼神之体物而不可遗？观于祭祀的时节，能使天下的人，不论尊卑上下，莫不斋明以肃其内，盛服以肃其外，恭敬奉承以供祭祀。当此之时，但见那鬼神的精灵，洋洋乎流动充满，仰瞻于上，便恰似在上面的一般，顾瞻于旁，便恰似在左右的一般。”夫鬼神无形与声，岂真在其上下左右哉！但其精灵昭著，能使天下之人，肃恭敬畏，俨然如在如此。所谓体物不遗者，于此可验矣。

【原文】

《诗》曰：“神之格思，不可度思，矧可射思？”

张居正直解

《诗》是《大雅·抑》之篇。格，是来。度，是测度。矧字，解做况字。射，是厌怠。三个思字，都是助语词。孔子又《大雅·抑》之诗说道：“神明之来也，不可得而测度，虽极其诚敬以承祭祀，尚未知享与不享，况可厌怠而不敬乎？”观于此诗，则鬼神能使人畏敬奉承，而发见昭著者为有征矣。

【原文】

夫微之显。诚之不可揜，如此夫。

张居正直解

诚，是实理。孔子说：“鬼神不见不闻，可谓微矣。然能体物不遗，又如是之显，何哉？盖凡天下之物，涉于虚伪而无实者，到底只是虚无，何以能显？惟是鬼神，则实有是理，流行于天地之间，而司其福善祸淫之柄，故其精爽灵气，发见昭著而不可掩也，如此夫。”看来《中庸》一篇书，只是要人以实心而体实理，以实功而图实效，故此章借鬼神之事以明之。盖天下之至幽者，莫如鬼神，而其实不可揜如此。可见天下之事，诚则必形，不诚则无物矣，然则人之体道者，可容有一念一事之不实哉。

【原文】

子曰：“舜其大孝也与！德为圣人，尊为天子，富有四海之内。宗庙飨之，子孙保之。”

张居正直解

子思引孔子之言说：“凡为人子者，皆当尽孝道以事其亲，然孝有大有小，若古之帝舜，其为大孝也与？何以见其孝之大，夫为人子者，非德不足以显亲，舜则生知安行，德为圣人，是所以显其亲者，何其至也。非贵不足以尊亲，舜则受尧之禅，尊为天子，是所以尊其亲者，何其至也。非富不足以养亲，而舜则富有四海之内，以天下养，是所以养其亲者，何其至也。又且上祀祖考以天子之礼，而宗庙之歆飨无已，所以光乎其前者又如是之隆。下封子孙为诸侯之国，而基业之传续无穷，所以裕乎其后者，又如是之远。”夫舜之德福兼隆如此，则所以孝其亲者，实有出于常情愿望之外者矣，此其所以为大孝与！

【原文】

故大德，必得其位，必得其禄，必得其名，必得其寿。

张居正直解

孔子说：“舜之德福兼隆，固所以为大孝。然自常人看来，福是天所付与，却似偶然得之，不可取必的一般。不知德乃福之本，福乃德之验，如影之随形，响之应声，盖理之必然者也。故舜既有圣人的大德，感格于天，必然贵为天子，得天下至尊之位；必然富有四海，得天下至厚之禄；必然人人称颂，得显著的声名；必然多历年所，得长久的寿数。”盖舜虽无心于求福，而福自应之如此，此所以能成其大孝也。

【原文】

故天之生物，必因其材而笃焉。故栽者培之，倾者覆之。

张居正直解

材，是材质。笃，是加厚。栽，是栽植。培，是滋养。倾，是倾仆。覆，是覆败。孔子说：“舜以大德而获诸福之隆，非天有私于舜，乃理之自然者耳。观于天道之生万物，必各因其本然之材质而异其所加：如根本完固，栽植而有生意的，便从而培养之，雨露之所润，日月之所照，未有不滋长者；根本摇动，倾仆而无生意的，便从而覆败之，雪霜之所被，风寒之所折，未有不覆败者。”或培或覆，岂是天有意于其间？皆物之自取耳。

【原文】

《诗》曰：“嘉乐君子，宪宪令德，宜民宜人。受禄于天。保佑命之，自天申之。”

张居正直解

《诗》，是《大雅·假乐》之篇。令，是善。申，是重。孔子又引诗说：“可嘉可乐的君子，有显显昭著的美德，既宜于在下之民，又宜于在上位之人，以此能受天之禄，而为天下之主，天既命而保佑之，又从而申重之，使他长享福禄于无穷也。”

【原文】

故大德者必受命。

张居正直解

受命，是受天命为天子。孔子承上文又总论说：“由天生物之理，与诗人之言观之，可见有大德的圣人，必然受皇天的眷命而为天子，今舜既是有大德，正所谓物之栽者也，君子之嘉乐者也。则其受上天笃厚申重之命，而享禄位名寿之全，固理之必然者耳，尚可疑哉？”

【原文】

子曰：“无忧者，其惟文王乎！以王季为父，以武王为子。父作之，子述之。”

张居正直解

这一节是说周文王的事。作，是创始。述，是继述。子思引孔子之言说：“自古帝王创业守成，皆未免有不足于心的去处，有所不足，则生忧虑，若是无所忧虑者，其惟周之文王乎。何以见之？凡前人不曾造作，自己便有开创之劳，后人不堪承继，将来便有废坠之患。二者皆可忧也。惟是文王以王季之贤为之父，以武王之圣为之子，王季积功累仁，造周家之基业，将文王要做的事预先做了，这是父作之。武王继志述事，集周家之大统，将文王未成的事，都成就了，这是子述之。”既有贤父以作之于前，又有圣子以述之于后，文王之心，更无有一些不足处，此其所以无忧也。

【原文】

武王缵大王、王季、文王之绪，一戎衣而有天下。身不失天下之显名，尊为天子，富有四海之内。宗庙飨之。子孙保之。

张居正直解

这一节是说武王的事。缵，是继。大王是武王的曾祖，王季是武王的祖，文王是武王的父。绪，是功业。戎衣，是盔甲之类。孔子说：“周自大王始基王迹，王季勤劳王家，文王三分天下有其二，那时天命人心，去商归周，王业已是有端绪了，但未得成就。及至武王，能继志述事，缵承大王、王季、文王的功业，因商纣之无道，举兵而伐之，以除暴救民，只壹着戎衣还定了天下。夫以下伐上，其事不顺，其名不美，宜乎失了天下的显名，然那时诸侯率从，万姓悦服，人人爱戴称美他，并不曾失了光显的名誉，其得人心如此。以言其尊，则居天子之位，天下的臣民都仰戴他。以言其富，则尽有四海之内，天下的贡赋都供奉他，上而祖宗，则隆以王者之称，祀以天子之礼，自文王以前，都得歆飨其祭祀。下而子孙，则传世三十，历年八百，自成康以后，都得保守其基业，其得天眷又如此。”盖武王之有天下，一则承祖宗之业而不敢废，一则顺天人之心而不敢违。此则善述之孝，丕承之烈，所以后世莫及也。

【原文】

“武王末，受命周公成文武之德。追王大王、王季，上祀先公以天子之礼。斯礼也，达乎诸侯大夫，及士庶人。父为大夫，子为士；葬以大夫，祭以士。父为士，子为大夫；葬以士，祭以大夫。期之丧，达乎大夫；三年之丧，达乎天子；父母之丧，无贵贱，一也。”

张居正直解

这一节是说周公的事。末，是老年。孔子说：“先时文王未为天子，于一应礼制，拘于势分而不得为。武王年老，才受天命，日不暇给，虽得为而不及为，是文王武王尊祖孝亲之德，尚有所欲为而未遂者。至周公辅佐成王，才一一都成就之。如古公、季历，是文王的父祖，周公于是推文武之意而追王之，尊古公为大王，尊季历为王季，生前只是侯爵，如今加称尊号，则文王武王之心，至是而慰矣。周之先公自组绀以上以至后稷，又是大王、王季的父祖，于是又推大王、王季之意，以天子之礼祀之，礼陈九献之仪，舞用八佾之数，当初祭以诸侯，如今祭以天子，则大王、王季之心，至是而慰矣。然不惟自尽其孝而已，又以天下之人虽名分不同，贵贱有等，他那孝亲报本之心，也与我一般，于是以所制之礼，推而下达乎诸侯、大夫及士、庶人，使人皆得随分以尽其孝。如父做大夫，子做士，父殁之时，葬固以大夫之礼，而祭则以士之礼。如父做士，子做大夫，父殁之时，葬固以士之礼，而祭则以大夫之礼。盖葬从其爵，贻死者以安也。祭从其禄，伸生者之情也。又制为丧服之礼，期年的丧服，下自庶人，上达乎大夫，犹通行之。天子诸侯便不行了，盖伯叔昆弟之丧，犹可伸以贵贵之义，所谓亲不敢贵也。若三年之丧服，则下自庶人上达乎天子，皆通行之，何也？三年之丧父母之丧也，子生三年，然后免于父母之怀，恩义至重，无贵无贱，都是一般，所谓贵不敢亲也。”夫追崇之礼，行于王朝，丧祭之礼，达乎天下，孝心上下融彻，礼制上下通行，周公之所以成文武之德者如此。

【原文】

子曰：“武王、周公，其达孝矣乎。”

张居正直解

达，是通达。达孝，是通天下之人都谓之孝。子思引孔子之言说：“凡人之孝，止于一身一家，而未必能通乎天下。惟是武王周公，不惟自己能尽孝亲的道理，又能推以及人之亲，礼制大备，使人人皆得以尽其孝，所以通天下之人，都称他孝，而无有间然者，岂不谓之达孝矣乎！”

【原文】

夫孝者，善继人之志，善述人之事者也。

张居正直解

善，是能。继，是继续。志，是心之所欲者。述，是传述。事，是所已行者。两个人字，都是指前人而言。孔子说：“武王周公所以为达孝者，无他，以其能继志而述事也。盖前人之心志，有所欲为的，虽是不曾遂意，也望后人去承继他。武王、周公便能委曲成就，念念要接续前人的意向，不使他泯灭了，这是善继其志。前人之行事，有所已为的，虽是不曾成功，也望后人去传述他。武王周公便能斟酌遵守，件件要敷衍前人的功绪，不使他废坠了。”这是善述其事，武王周公之孝如此，所以达乎天下，而无一人不称其孝也。

【原文】

春秋修其祖庙，陈其宗器，设其裳衣，荐其时食。

张居正直解

春秋，是祭祀之时，四时皆有祭，举春秋，则冬夏可知。修，是修整。陈，是陈设。宗器，是先世所藏的重器。裳衣，是先王所遗的衣服。荐，是供献。时食，是四时该用的品物。孔子说：“武王周公所以善继志而述事者，何以见得？今以所制祭祀之礼言之，到春秋祭享的时节，于祖庙中门堂寝室，皆及时修整，以致其严洁而不敢亵渎，于先祖所藏的重器，都陈设出来，以示其能守而不敢失坠。于先王所遗的裳衣，必设之以授尸，不惟使神有所依，亦以系如在之思也。于四时该用的品物，必荐之以致敬，不惟使神有所享，亦以告时序之变也。”武王周公所制祭祀之礼，通于上下者如此。

【原文】

宗庙之礼，所以序昭穆也。序爵，所以辨贵贱也。序事，所以辨贤也。旅酬，下为上，所以逮贱也。燕毛，所以序齿也。

张居正直解

序，是次序。昭穆，是宗庙的位次。在左边的为昭，取阳明之义。在右边的为穆，取阴幽之义。旅，是众。酬，是以酒相劝酬。燕，是燕饮。毛，是毛发。齿，是年齿。当祭于宗庙之日，宗庙的子孙，皆来与祭，其排列的班次，或在左、或在右，各照依其主而不紊者，所以序其何者为昭，何者为穆，使等辈先后之不至于混乱也。陪祀之臣，有公、有侯、有卿大夫，其爵不同，于祭之时，而序其或在前或在后，都有个次第者。所以分辨其孰为贵、孰为贱，使尊卑不至于搀越也。祭必有事，如宗，是掌管祠祭的；祝，是读祝文的。又有司尊的、执爵的，及奠帛赞礼的，皆事也。于祭之时，而序次其执事者。盖祭以任事为贤，所以分别其人之贤，择其德行之优、威仪之美、趋事之纯熟者为之，使非贤者不得与也。祭毕之时，同姓的兄弟与异姓的宾，众人饮酒，互相劝酬，其各家子弟，都着他举觯于其父兄，而供事于左右，所以然者，盖宗庙之中，以有事为荣，正所以逮及那子弟之贱者，使他亦有所事，而因事以申其敬也。饮宴之后，异姓之宾皆退之，又独宴同姓之亲，到这时节，不论爵位之崇卑，但以毛发之黑白为座次之上下，皆此者，盖同姓比之异姓为亲，故专论年齿以定座次，使长幼不至于失序也。夫序昭穆者，亲亲也。序爵者，贵贵也。序事者，贤贤也。逮贱者，下下也。序齿者，老老也。武王周公一祭祀之间，其意义之周悉如此。

【原文】

践其位，行其礼，奏其乐，敬其所尊，爱其所亲，事死如事生，事亡如事存，孝之至也。

张居正直解 这一节是总结上文。践，是践履。所尊是先王的祖考。所亲，是先王的子孙臣庶。五个其字，都指先王而言。孔子说："武王周公所制祭祀之礼，既善且备如此，可以见其善继而善述矣，何也？先王之对越神明必有位，所行必有礼，所奏必有乐。今武王周公祭祀之时，所践履的就是先王对越祖考的位次，所行的就是先王升降周旋的礼仪，所奏的就是先王感格神人的音乐。祖考是先王所尊崇也，今祭祀一举，致其诚敬，而祖考来格，是能敬先王之所尊矣。子孙臣庶，是先王所亲厚也。今祭祀一行，笃其恩爱，而情义联属，是能爱先王之所亲矣。以此观之，可见武王周公事奉先王无所不至。先王虽死，事他如在生的一般，先王虽亡，事他如尚存的一般。真可谓善继人之志，善述人之事，而为孝之极至者也。"称曰达孝，不亦宜乎？

【原文】

"郊社之礼，所以事上帝也。宗庙之礼，所以祀乎其先也。明乎郊社之礼，禘尝之义，治国，其如示诸掌乎。"

张居正直解

郊，是祭天。社，是祭地。上帝，即是天，言上帝则后土在其中。禘，是五年的大祭。尝，是秋祭。言秋祭则其余在其中。示字与视字同。掌，是手掌。示诸掌，是说看得明白。孔子又说："武王周公所制祭祀之礼，不但如上文所言而已。总而言之，有郊社之礼焉，有宗庙禘尝之礼焉。郊社之礼，或行于圜丘，或行于方泽，盖所以事奉上帝与后土，答其覆载生成之德也。宗庙之礼，或五年一举，或一年四祭，盖所以祭祀其祖先，尽吾报本追远之诚也。这郊社禘尝，是国家极大的礼仪，其中义理微妙，难于测识，若能明此礼仪而无疑，则理无不明，诚无不格，治天下国家的道理，即此而在，就如看自家的手掌一般，何等明白。”盖幽明一理，而幽为难知，神人一道，而神为难格，既能通乎幽而感乎神，则明而治人，又何难之有哉？夫武王周公之制礼，不惟善体乎先王，而又可通于治道，此所以尽伦尽制，而又合于中庸之道也。

【原文】

哀公问政，子曰：“文武之政，布在方策。其人存，则其政举；其人亡，则其政息。”

张居正直解 哀公，是鲁国之君。方，是木版。简，是竹简。古时无纸，有事只写在木版竹简上，所以叫做方策。哀公问于孔子说：“人君为政的道理当如何？”孔子对说：“君欲行政，不必远有所求，惟在法祖而已。比我周文王武王，是开国的圣君，那时又有周公、召公诸贤臣辅佐，所行的政事都是酌古准今，尽善尽美的。如今布列于木版竹简之中，如《周官》《立政》诸书，及《周礼》所载，纪纲法度，固班班可考也。只是那一时的君臣，今已不存了。若使当今之时，上焉有文武这样的君，下焉有周召这样的臣，则当时立下的政事，如今件件都可举行，而文武之治，亦可复见于今日也。若是没有那样的君臣，则那政事便都灭息了。”载在方策者，不过陈迹而已，徒法岂能以自行哉？可见立政非难，得人为贵，上有励精求治之主，下有实心任事之臣，则立纲陈纪，修废举坠，只在反掌之间而已。不然虽有良法美意，譬之有车而无人以推挽之，车岂能以自行哉？此图治者，所当留意也。

【原文】

人道敏政，地道敏树。夫政也者，蒲卢也。

张居正直解

人，指君臣说。敏，是快速的意思。树，是栽植。蒲卢，是蒲苇，草之最易生者。孔子说："上有明君，下有良臣，便是得人。这人的道理，最能敏政。君臣一德，上下一心，一整饬间，而废者即兴，坠者即举，一修为间，而近无不服，远无不从，可以大明作之功，可以收综核之效，何等的快速。就似那地的道理一般，土脉所滋，凡有所栽植者，随植随长，无不快速也。夫人能敏政，则但得其人，则可以行政矣。而况这文武之政也者，是圣人行下的，合乎人情，宜于土俗，尽善尽美，至精至备，又是最易行者，就似那草中蒲苇一般，比之他物，尤为易生者也。"夫人道既能敏政，而王政又甚易行如此，苟得其人以举之，其于为治何有？

【原文】

故为政在人，取人以身，修身以道，修道以仁。

张居正直解

人，是贤臣。身，指君身说。道，即是天下之达道。仁，是本心之全德。孔子说："由人存政举之易观之，可见天下有治人，无治法。所以为人君者，要举文武之政，只在择贤臣而任用之，惟得其人，然后纪纲法度，件件振举，而政事自无不行也。然人君一身，又是臣下的表率，如欲取人，必须先修自己的身，能修其身，然后好恶取舍，皆得其宜，而贤才乐为之用也。然要修身，又必于君臣、父子、夫妇、兄弟、朋友的道理，各尽其当然之实，则一身的举动，都从纲常伦理上周旋，身自无不修矣。然要修道，又必全尽本心之天德，使慈爱恻怛，周流而无间，则五伦之间，都是真心实意去运用，道自无不修矣。”夫以仁修道，以道修身，则上有贤君，以身取人，则下有贤臣，由是而举文武之政，何难之有哉！

【原文】

“仁者，人也，亲亲为大。义者，宜也，尊贤为大。亲亲之杀，尊贤之等，礼所生也。”

张居正直解 人，指人身而言。上一个亲字，是亲爱。下一个亲字，指亲族说。尊贤，是尊敬有德的人。杀，是降杀。等，是等级。礼，是天理之节文。承上文说：“修道固必以仁，而仁非外物，乃有生之初，所具恻怛慈爱之理，是即所以为人也。然仁虽无所不爱，而惟亲爱自己的亲族，乃能推以及人，而爱无不周，故以亲亲为大。有仁必有义，而义非强为，凡事物之中，各有当然不易的道理，是即所以为宜也。然义虽无所不宜，而惟尊敬那有道德的贤人，乃能讲明此理，而施无不当，故以尊贤为大。然这亲亲中间，又有不同，如父母则当孝敬，宗族则当和睦，自有个降杀。这尊贤中间，也有不同，如大贤则以师傅待之，小贤则以朋友处之，自有个等级。这降杀等级，都从天理节文上生发出来，所以说礼所生也。”曰仁、曰义、曰礼，三者并行而不悖，则道德兼体于身，而修身之能事毕矣。

【原文】

故君子不可以不修身。思修身，不可以不事亲。思事亲，不可以不知人。思知人，不可以不知天。

张居正直解

承上文说："为政在人，取人以身。可见君子一身，关系最重。若不能修治其身，则其本不端，何以为取人的法则。所以君子不可不先修其身。修身以道，修道以仁，亲亲为仁之大。可见事亲是修身的先务，若不能善事其亲，则所厚者薄，无所不薄，身不可得而修矣。所以思修其身者，不可以不善事其亲。欲尽亲亲之仁，又必尊礼贤人，与之共处，然后亲亲的道理，讲究得明白。若不能尊贤取友以知人，则义理谁与讲明，是非无由辨白，以致辱身危亲者亦有之矣。所以思尽事亲之道者，又不可以不知人也。至若亲亲则有降杀，尊贤则有等级，都是天理之自然。若于这天叙天秩的道理，知之不明，则恩或至于滥施，敬或至于妄加，所尊所亲，处之皆失其当矣。所以思知人以为事亲之助者，又不可以不知天也。"由知天以知人，知人以事亲，则身修而有君矣。以身取人，则有臣矣。有君有臣，而文武之政焉有不举者哉！

【原文】

"天下之达道五，所以行之者三，曰：君臣也、父子也、夫妇也、昆弟也、朋友之交也。五者，天下之达道也。知、仁、勇三者，天下之达德也。所以行之者一也。

张居正直解

达，是通达。昆弟，即是兄弟。德，是所得于天之理。一字，指诚说。孔子说："天下古今人所共由的道理有五件，所以行这道理的有三件。五者何？一曰君臣、二曰父子、三曰夫妇、四曰兄弟、五曰朋友之交。在君臣则主于义，在父子则主于亲，在夫妇则主于别，在兄弟则主于序，在朋友则主于信。这五件是人之大伦，从古及今，天下人所共由的道理，不外乎此。就如人所通行的大路一般，所以说是天下之达道也。三者何？一曰知、二曰仁、三曰勇。知则明睿，所以知此道者。仁则无私，所以体此道者。勇则果确，所以强此道者。这三件是天命之性，从古至今，天下人所同得的，无少欠缺，所以说是天下之达德也。然达道固必待达德而后行，而其所以行之者，又只在一诚而已。”盖诚则真实无伪，故知为实知，仁为实仁，勇为实勇，而达道自无不行。苟一有不诚，则虚诈矫伪，而德非其德矣，其如达道何哉？故曰所以行之者一也。

【原文】

或生而知之；或学而知之；或困而知之：及其知之一也。或安而行之；或利而行之；或勉强而行之：及其成功一也。

张居正直解

这一节是说造道的等级。知之，是知此达道。困，是困苦。行之，是行此达道。利，是贪利。孔子说：“人性虽同，而气禀或异，以知此理而言，或有生来天性聪明，不待学习自然就知之的。或有讲习讨论，从事于学问然后知之的。或有学而未能，困苦其心，发愤强求然后知之的。这三等人，闻道虽有先后，然到那豁然贯通义理明白的去处，都是一般。所以说及其知之，一也。以行此理而言，或有生的德性纯粹，不待着力，安然自能行的。或有真知笃好，只见得这道理好，往前贪着去行的。或有力未能到，必待勉强奋发，而后能行的。这三等人，行道虽有难易，然到那践履纯熟，功夫成就的时节，也都一般，所以说，及其成功一也。”

【原文】

子曰："好学近乎知。力行近乎仁。知耻近乎勇。"

张居正直解

这一节是未及乎达德而求以入德的事。孔子说："人之气质虽有不同，然未尝无变化之术。如智以明道，固非愚者之所能。然若肯笃志好学，凡古今事物之理，时时去讲习讨论，不肯自安于不知，将闻见日广，聪明日开，虽未必全然是智，也就不堕于昏愚了，岂不近于智乎？仁以体道，固非自私者之所能，然若能勤励自强，事事去省察克治，实用其力，将见本心收敛，天理复还，虽未必纯然是仁，也就不蔽于私欲了，岂不近于仁乎！勇以任道，固非懦者之所能，然若能知己之不如人，而常存愧耻之心，不肯自暴自弃，将见耻心一萌，志气必奋，虽未必便是大勇，也就不终于懦弱了，岂不近于勇乎！"

【原文】

知斯三者，则知所以修身。知所以修身，则知所以治人。知所以治人，则知所以治天下国家矣。

张居正直解

斯字，解做此字。三者，指上文三近而言。孔子说："修身以道，而知、仁、勇之德，则所以行此道者，人若能知得好学、力行、知耻这三件，足以近之，便可以入于达德、行乎达道，所以修治其身之理，无不知矣。既知所以修身，则所以治人而使之尽其道者，即此而在。盖以己观人，虽有物我之间，然在我的道理，即是在人的道理，故知所以修身，便知所以治人也。既知所以治人，则所以治天下国家而使之皆尽其道者，亦即此而在。盖以一人观万人，虽有众寡之殊，然一个人的道理，即是千万人的道理。故知所以治人，便知所以治天下国家也。”夫以天下国家之治，而要之不外于修身，可见修身为致治之本矣。

【原文】

凡为天下国家有九经，曰：修身也、尊贤也、亲亲也、敬大臣也、体群臣也、子庶民也、来百工也、柔远人也、怀诸侯也。

张居正直解

经，是常道。孔子说：“大凡人君治天下国家，有九件经常的道理，可以行之万世而不易者。第一件，要修治自己的身，使吾身之一动一静，皆足以为天下之表率。第二件，要尊礼贤人，使之讲明治道，以为修己治人之助。第三件，要亲爱同姓的宗族，凡施予恩泽都宜加厚，不可同于众人。第四件，要敬礼大臣，凡体貌恩数，都宜加隆，不可同于小臣。第五件，要体悉群臣，以己之心度彼之心，委曲周悉，把群臣们都看得如自己的身子一般。第六件，要子爱庶民，乐民之乐，忧民之忧，爱养保护，把百姓都看得如自己的儿子一般。第七件，要招来百样的工匠，集于国都，使他通工易事，以资国用。第八件，要绥柔远方来的使客人等，加意款待，使他离乡去国，不致失所。第九件，要怀服四方的诸侯，使他常为国家的藩屏，无有离叛之意。这九件乃治天下国家经常之道。从古及今，欲兴道致治者，决不能舍此而别有所修为也，所以叫做九经。”然此九者之中，又有自然之序，盖天下国家之本在身，故修身为九经之首。然必亲师取友，而后修身之道进，故尊贤即次之。道之所进莫先于家，故亲亲又次之。由家以及朝廷，故敬大臣、体群臣次之。由朝廷以及其国，故子庶民、来百工次之。由其国以及天下，故柔远人、怀诸侯次之。九经之序如此，而其本则惟在于修身，其要莫急于尊贤也。

【原文】

修身，则道立。尊贤，则不惑。亲亲，则诸父昆弟不怨。敬大臣，则不眩。体群臣，则士之报礼重。子庶民，则百姓劝。来百工，则财用足。柔远人，则四方归之。怀诸侯，则天下畏之。

张居正直解

这一节是说九经的效验。道即是达道。诸父是伯父叔父。眩字解做迷字。孔子说："治天下国家的九经，人君若能着实行之，则件件都有效验，如能修治自己的身，则达道达德，浑然全备，便足以为百姓的表率，而人皆有所观法矣。能尊礼有德的贤人，则薰陶启沃，聪明日开，闻见日广，于那修己治人的道理，都明白贯通，无所疑惑矣。能亲爱同姓的宗族，则为伯叔诸父的，为兄弟的，都得以保守其富贵，欢然和睦，而无有怨恨矣。能敬礼大臣，则信任专一，他得以展布其能，临大事、决大议，皆有所资而不至于迷眩矣。能体悉群臣，则为士的感激思奋，皆务竭力尽忠，以报答君上之恩矣。"

【原文】

齐明盛服，非礼不动，所以修身也。去谗远色，贱货而贵德，所以劝贤也。尊其位，重其禄，同其好恶，所以劝亲亲也。官盛任使，所以劝大臣也。忠信重禄，所以劝士也。时使薄敛，所以劝百姓也。日省月试，既禀称事，所以劝百工也。送往迎来，嘉善而矜不能，所以柔远人也。继绝世，举废国，治乱持危，朝聘以时，厚往而薄来，所以怀诸侯也。

张居正直解

这一段是说九经的事。齐，是斋戒。明，是明洁。盛服，是衣服整肃。谗，是谗佞的人，颠倒是非，最能伤害君子。色，是美色；货，是财利，最能移易人心。孔子说：“人君惟惮于拘束，乐于放纵，是以其身不能修治，必须内而斋明以收敛其心志，外而盛服以整肃其容仪，凡事都依着礼法行，非礼之事，绝不去干。如此，则内外交养，动静不违，而此身常在规矩之内，乃所以修身也。人君惟听信谗言，徇于货色，那好贤的意思，便就轻了。必须屏去那谗邪，疏远那美色，轻贱那货财，只专心一意贵重有德的人。如此则纯心用贤，而贤者乐为之用，乃所以劝贤也。同姓的宗族，常恐恩礼衰薄，所以怨望易生，必须体念宗室，尊其爵位，重其俸禄，他心里喜好的与他同好，心里憎恶的与他同恶，不至违拂其情。如此则诸父昆弟自然感悦，乃所以劝亲亲也。做大臣的，若教他亲理细事，便失了大体，必须多设官属，替他分头干办，足任他使令之役，如此则为大臣者，得以从容论道，经理天下的大事，乃所以劝大臣也。于群臣，待之不诚，则各生疑畏，而不肯尽心，养之不厚，则自顾不暇而不肯尽力，必须待之以忠信，开心见诚，不去猜疑他，养之以重禄，使他父母妻子皆有所仰赖。如此则士无仰事俯育之累，而乐趋事功以报效朝廷，乃所以劝士也。于百姓，使之不以其时，则劳民之力，敛之过于太重，则伤民之财，故虽有不容已之事，亦必待农工既毕之后，然后役使他。征敛他的税粮，又皆从轻而不过于厚，则百姓既有余财，又有余力，皆将欢欣爱戴，以亲其君上，乃所以劝百姓也。既字读做饩字。饩是牲口，禀是廪米。百工技艺的人，执事有勤惰之不同，必须日日省视他，月月考较他，以验其工程如何，勤的便多与他些廪饩，以偿其劳。惰的则少与他些，务与他的事功相称。如此则不惟勤者益知所勉，而惰者亦皆劝于勤矣，乃所以劝百工也。远方使客人等，于其回还时节，则授之旌节以送之，使关津不得阻滞，于其来的时节，则丰其委积以迎之，使百凡有所资给，其人之善者，则嘉美之，而因能以授之任，其不能者，则矜恕之，而亦不强其所不欲。如此，则款待周悉，天下之旅皆悦而愿出于其途，乃所以柔远人也。至若四方诸侯，有子孙绝嗣的，寻他旁枝来继续，使不绝其宗祀。有失了土地的，举其子孙而封之，使得复其爵土。治其坏乱，教他国中上下相安，持其危殆，教他国中大小相恤，每年使其大夫一小聘，三年使其卿一大聘，五年则诸侯自来一朝，朝聘各有其时，不劳其力也。我之燕赐于彼者则厚而礼节之有加，彼之纳贡于我者则薄，而方物之不计，厚往而薄来，恐匮其财也。如此则天下诸侯皆将竭其忠力，以藩卫王室，而无背叛之心，乃所以怀诸侯也。”九经之事如此。

【原文】

凡为天下国家有九经，所以行之者一也。

张居正直解

孔子既详言九经之事，又总结之说道：“人君治天下国家，有这九件经常的道理，其事与效验，固各不同，然所以行那九经，只是一件，曰诚而已矣。”盖天下之事，必真实而无妄，乃能常久而不易，若存的是实心，行的是实事，则九经件件修举，便可以治天下国家。若一有不诚，则节目虽详，法制虽具，到底是粉饰的虚文而已，如何可以为治乎？故曰："所以行之者一也。"

【原文】

凡事豫则立，不豫则废。言前定，则不跲。事前定，则不困。行前定，则不疚。道前定，则不穷。

张居正直解 凡事，指达道、达德、九经，以及日用大小的事务皆是。豫，是素定。跲，是颠蹶，如人行路跌倒的一般。困，是窘迫。疚，是歉。承上文说："九经之行，固贵于诚，然不但九经而已，但凡天下之事，能素定乎诚，则凡事都有实地，便能成立，若不能素定乎诚，则凡事都是虚文，必致废坏。何以言之？如人于言语先定乎诚，不肯妄发，则说的都是实话，自然顺理成章，不至于蹉跌矣。人于事务先定乎诚，不肯妄动，则临事便有斟酌，自然随事中节，不至于窘迫矣。身之所行者先定乎诚，则其行有常，自然光明正大，而无歉于心，何疚之有？道之当然者先定乎诚，则其道有源，自然泛应曲当，而用之不竭，何穷之有？"所谓凡豫则立者如此，苟为不诚，则言必至于跲，事必至于困，行必至于疚，道必至于穷矣。

【原文】

在下位不获乎上，民不可得而治矣。获乎上有道，不信乎朋友，不获乎上矣。信乎朋友有道，不顺乎亲，不信乎朋友矣。顺乎亲有道，反诸身不诚，不顺乎亲矣。诚身有道，不明乎善，不诚乎身矣。

张居正直解 这一节承上文推言素定的意思。获字，解做得字。孔子说："凡事皆当素定乎诚，如在下位的人，若要治民，必得了君上的心，肯信用他，方才行得。若不能得君上的心，则无以安其位而行其志，要行些政事，人都不肯听从，民岂可得而治乎？故欲治民者，当获乎上也。然要获乎上，不在乎谀悦以取容，自有个道理，只看他处朋友如何，若是平昔为人，不见信于朋友，则志行不孚，名誉不著，要见知于在上的人，岂可得乎？故欲获乎上者，必信于朋友也。然要朋友相信，不在乎交结以取名，自有个道理，只看他事父母如何。若平日不能承顺父母，得其欢心，则孝行不修，大节已亏，岂能取信于朋友之间乎？故欲信友者，当顺乎亲也。然要顺亲，亦不在乎阿意以曲从，也有个道理，只在能诚其身。若反求诸身，未能真实而无妄，则外有承顺之虚文，内无敬爱之实意，岂能得父母之欢心乎？故欲顺亲者，当诚乎身也。然诚身功夫，又不是一时袭取得的，也有个道理，只在能明乎善，若不能格物致知，先明乎至善之所在，则好善未必是实好，恶恶未必是实恶，岂能使所存所发，皆真实而无妄乎？"故欲诚身者，当明乎善也。能明善以诚身，则顺亲、信友、获上、治民，何难之有？即在下位者欲获上治民而推之一本于诚，则凡事可知矣。

【原文】

诚者，天之道也。诚之者，人之道也。诚者，不勉而中，不思而得，从容中道，圣人也。诚之者，择善而固执之者也。

张居正直解 诚，是真实无妄。从容，是自然的意思。择，是拣择。固，是坚固。执，是执守。承上文诚身说：“这诚之为道，原是天赋与人的，盖天以实理生万物，人以实理成之为性，率其性而行之，本无间杂，不假修为，乃天与人的道理，自然而然，所以说是天之道也。若为气禀物欲所累，未能真实无妄，而用力以求到那真实无妄的去处，这是人事所当然者，乃人之道也。诚者之事何如，其行则安而行之，不待勉强而于道自无不中，其知则生而知之，不待思索，而于道自无不得。此乃从容合道的圣人，全其天而无所假于人为者也。诚之者之事何如？其知则未能不思而得，必拣择众理以明善，其行则未能不勉而中，必坚守其善以诚身，此乃用力修为的贤人，尽人以合天者也。”然自古虽生知安行之圣，亦必加学问之功，夫其得之于天者既全，而修之于人者又力，此所以圣而益圣欤？

【原文】

博学之，审问之，慎思之，明辨之，笃行之。

张居正直解 承上文说：“择善而固执之，固诚之者之事。然其用功之节目，又不止一端。第一要博学，天下之理无穷，必学而后能知。然学而不博，则亦无以尽事物之理，故必旁搜远览，凡古今事物之变，无不考求，庶乎可以广吾之闻见也，这是博学之。所学之中有未知者，必须问之于人，然问而不审，则苟且粗略，而无以解心中之惑，故必与明师好友，尽情讲论，仔细穷究，庶乎可以释吾之疑惑也，这是审问之。虽是问的明白了，又必经自家思索一番，然后有得，然思而不慎，又恐失之泛滥，过于穿凿，虽思无益矣。故必本之以平易之心，求之于真切之处，而慎以思之，庶乎潜玩之久而无不通也。既思索了，又以义理精微，其义利公私之间，必加辨别，然辨而不明，则毫厘之差，谬以千里，虽辨无益矣。故必条分缕析，辨其何者为是，何者为非，何者似是实非，何者似非而实是，一一都明以辨之，庶乎尽其精微而不差也。夫既学而又问之、思之、辨之，则于天下之义理，皆已明白洞达而无所疑，可以见之于行矣。然行而不笃，则所行者徒为虚文，而终无所成就，又必真心实意，敦笃而行，无一时之间断，无一念之懈怠，则所知者皆见于实事，而不徒为空言矣，所以又说笃行之。”夫博学、审问、慎思、明辨，所以择善也。笃行，所以固执也。五者，皆诚之者的功夫，学知利行之事也。

【原文】

有弗学，学之弗能，弗措也；有弗问，问之弗知，弗措也；有弗思，思之弗得，弗措也；有弗辨，辨之弗明，弗措也；有弗行，行之弗笃，弗措也。人一能之，己百之。人十能之，己千之。

张居正直解

弗字，解做不字。措字，解做止字。承上文说：学、问、思、辨、笃行，固是求诚之事，然有一样资禀庸下的，未能便成，必须专心致志着实用功，乃能有成。如古今事物之理，不学则已，但去学时，便要博闻强记，件件都理会得过才罢。若有不能，不止也。有疑惑的，不问则已，但去问时，便反复讲究，件件都要知道才罢，若有不知，不止也。有该思索的，不思则已，但去寻思，则必再三筹度，务要融会贯通才罢，若有不得，不止也。有该辨别的，不辨则已，但去分辨，则必细细剖析，务要明白不差才罢，若有不明，不止也。及其见诸躬行，不行则已，但行的时节，务要践履笃实，抵于有成才罢，若有不笃，不止也。他人一遍就会了，自己必下百遍的功夫，他人十遍就会了，自己必下千遍的功夫，务求其能而后已，这是困知勉行者之事也。

【原文】

果能此道矣，虽愚必明，虽柔必强。

张居正直解 此道，指上一节说。常人有志者少，无志者多。未有能实用其力者，若果能于那学问思辨笃行，用了百倍的功夫，则义理自然浑融，气质自然变化，虽是生来愚昧的，久之亦将豁然贯通，而进于明矣。虽是生来柔弱的，久之亦能毅然自守，而进于强矣。况本是聪明强毅的，而又能加勤励不息之功，有不为大知大勇者乎。

张居正直解 谨案此章。言帝王治天下之大经大法，极其详备。首言举行文武之政，在于有君有臣，而尤归重于君身，盖有君则自然有臣也。中言以三达德而行五达道，皆修身之事。九经则自身而推之家国天下，终言修己治人，必本于一诚，而学问思辨笃行之功，则所以求立乎诚者也。夫至诚者，天德也，九经之事，王道也。有天德而后可以行王道，其要在于典学，伏惟圣明留意焉。

【原文】

自诚明，谓之性；自明诚，谓之教。诚则明矣；明则诚矣。

张居正直解

诚，是真实无妄。明，是事理洞达。子思承孔子天道人道之意以立言说道："人之造道等级虽有相悬，及其成功，则无二致。固有德无不实，而明无不照，由诚而明的，这叫做性。盖圣人之德，不勉而中，不思而得，天性本来有的，故谓之性。性，即天道也。有先明乎善，而后能实其善，由明而诚的，这叫做教。盖贤人之学，以择而精，以执而固，由教而后能入的，故谓之教。教，即人道也。夫曰性曰教，虽有天道人道之殊，然德无不实者，固自然清明在躬，无有不明，而先明乎善者，也可以到那诚的地位，及其成功，则一而已矣。"所以说诚则明矣，明则诚矣。

【原文】

唯天下至诚，为能尽其性；能尽其性，则能尽人之性；能尽人之性，则能尽物之性；能尽物之性，则可以赞天地之化育；可以赞天地之化育，则可以与天地参矣。

张居正直解

天下至诚，是说圣人之德，极诚无妄天下莫能过他。赞，是助。化育，是变化生育。参，是并立为三的意思。子思说："天命之性，本自真实无妄，只为私欲蔽了，见得不明，行得不到，所以不能尽性。独有天下至诚的圣人，其知生知，其行安行，纯乎天理而不杂于人欲，故能于所性之理，察之极其精，行之极其至，而无毫发之不尽也。然天下的人，虽有智愚贤不肖，其性也与我一般，圣人既能尽己之性，由是推之于人，便能设立政教，以整齐化导之，使人人都复其性之本然，而能尽人之性矣。天下的物，虽飞潜动植不同，其性也与人一般，圣人既能尽人之性，由是推之于物，便能修立法制，以撙节爱养之，使物物各遂其性之自然，而能尽物之性矣。夫人物皆天地之所生，而不能使之各尽其性，是化育也有不到的。今圣人能尽人物之性，则是能裁成辅相，补助天地之所不及矣，岂不可以赞天地之化育乎！既能赞天地之化育，则是有天地不可无圣人，天位乎上而覆物，地位乎下而载物，圣人位乎中而成物，以一人之身，与天地并立而为三矣，岂不可与天地参乎！"至诚之功用，其大如此，然天地万物之理，皆具于所性之中，参赞位育之功，不出于尽性之外，学圣人者，但当于吾性中求之。

【原文】

其次致曲。曲能有诚，诚则形，形则著，著则明，明则动，动则变，变则化，唯天下至诚为能化。

张居正直解

其次，是指贤人以下说。致，是推及。曲，是善之一偏处。盖人之心，虽为物欲所蔽，然良心未曾泯灭，必有一端发见的去处，这叫做曲。若能就此扩充之，到那至极的去处，叫做致曲。形是发见于外，著是显著，明是光明，动是感动，变是改变，化是浑化。子思说："天下至诚的圣人，固能尽其性之全体，而能尽人物之性，以收参赞之功矣。其次若贤人以下，诚有未至者，却当何如用功，盖必由那善端发见之一偏处，悉推致之以各造其极，如一念恻隐之发，则推之以至于无所不仁。一念羞恶之发，则推之以至于无所不义，而曰礼曰智，莫不皆然，这便是能致曲了。夫一偏之曲，既无不致，则有以通贯乎全体，而无不实矣，所以说曲能有诚。诚既积于中，则必发于外，将见动作威仪之间，莫非此德之形见矣。既形，则自然日新月盛，而愈显著矣。既著，则自然赫喧盛大，而有光明矣。盖实德之积于中者日盛，故德容之见于外者愈光，内外相符之机，有不容掩者如此。诚既发于外而有光明，则人之望其德容者，自然感动，而兴起其好善之心矣。既动，则必改过自新，变其不善以从吾之善矣。既变，则久之皆相忘于善，浑化而无迹矣。盖诚之动乎物者既久，则人之被其化者愈深，人己相符之机，有莫知所以然者如此。夫感人而至于化，岂是容易到得的？惟是天下至诚的圣人，才能感人到那化的去处。今致曲者积而至于能化，则亦天下至诚而已矣。”夫由诚而形、而著、而明，所谓能尽其性者也。由动而变、而化，所谓能尽人物之性者也，而参赞在其中矣。虽由致曲而人，及其成功则一也。

【原文】

至诚之道，可以前知。国家将兴，必有祯祥；国家将亡，必有妖孽。见乎蓍龟，动乎四体。祸福将至，善，必先知之；不善，必先知之。故至诚如神。

张居正直解

前知，是预先知未来的事。祯祥，是福之兆，如麒麟、凤凰、景星、庆云，各样的祥瑞都是。妖孽，是祸之萌，如山崩、川竭、地震、星陨，各样的灾异都是。蓍，是蓍草。龟，是灵龟。皆用以占卜者。四体，指动作威仪说。神，是鬼神。子思说：“人之德有不实，则理有不明，虽目前的事，尚不能知，况未来者乎？独有极诚无妄的圣人，天理浑然，无一毫私伪，故其心至虚至灵，于那未来的事，都预先知道，然此岂有术数以推测之哉？盖自有可知之理耳。如国家将要兴隆，必先有祯祥的好事出来，国家将要败亡，必先有妖孽不好的事出来。或著见于蓍龟占卜之间，而有吉有凶，或发动于四体威仪之际，而有得有失。凡此皆祸福将至，理之先见者也。惟至诚圣人，则有以察其几，善，必先知之，不待其福既至而后知也。不善，必先知之，不待其祸既至而后知也。所以至诚之妙，就如鬼神一般。”盖凡幽远之事，耳目心思所不及者，人不能知，除是鬼神知得。今圣人虚灵洞达，能知未来，则与鬼神何异，所以说至诚如神。然天地间只是一个实理，既有是理，便有预先形见之几，圣人只是一个实心，心体既全，自有神明不测之用，岂若后世谶纬术数之学，穿凿附会，以为知者哉！

【原文】

诚者，自成也，而道，自道也。

张居正直解

子思说：“真实无妄之谓诚。这诚是人所以自成其身的道理，如实心尽孝，才成个人子，实心尽忠，才成个人臣，所以说是自成也。体此诚而见于人伦日用之间，则谓之道，这道，乃人所当自行的，如事亲之孝，为子的当自尽，事君之忠，为臣的当自尽，所以说是自道也。”

【原文】

诚者，物之终始。不诚无物。是故，君子诚之为贵。

张居正直解

物，是事物。子思说：“何以见得诚为自成，而道当自道？盖天下事物，莫不有终，莫不有始，终不自终，是这实理为之归结，始不自始，是这实理为之发端，彻头彻尾，都是实理之所为，是诚为物之终始，而物所不能外也。人若不诚，则虽有所作为，到底只是虚文，恰似不曾干那一件事的一般，如不诚心以为孝，则非孝，不诚心以为忠，则非忠。所以君子必以诚之为贵，而择善固执以求到那真实之地也。若然，则能有以自成，而道亦无不行矣。”

【原文】

诚者，非自成己而已也，所以成物也。成己，仁也。成物，知也。性之德也，合外内之道也，故时措之宜也。

张居正直解

时措，是随时而行无不当理。子思说：“诚固所以自成，然又不止成就自家一身而已，天下的人同有此心，同有此理，既有以自成，则自然有以化导他人，而使之皆有所成就，亦所以成物也。成已，则私意不杂，全体混然，叫做仁。成物，则因物裁处各得其当，叫做知。然是仁、知二者，非从外来，乃原于天命，是性分中固有之德也，亦不是判然为两物的，与生俱生，乃内外合一的道理。君子特患吾心有未诚耳，心既诚，则仁、智兼得，一以贯之，将见见于事者，不论处已处物，以时措之而皆得其当矣。”此可见仁智一道，得则俱得，物我一理，成不独成，岂有能成已而不能成物者乎？所以说诚者非自成已而已也，所以成物也。

【原文】

故至诚无息。不息则久，久则征。征则悠远。悠远则博厚。博厚则高明。

张居正直解 息，是间断。久，是常于中。征，是验于外。悠，是悠长。远，是久远。博厚，是广博深厚。高明，是高大光明。子思说：“人之德有不实，则为私欲所间杂，而其心不纯，不纯则有止息之时，圣人之德，既极其真实，而无一毫之虚伪，则此心之内，纯是天理流行，而私欲不得以间之，自无有止息矣。既无止息，则心体浑全，德性坚定，自然始终如一，常久而不变矣。存诸中者既久，则必形见于威仪，发挥于事业，自然征验而不可掩矣。既由久而征，则凡所设施，都是纯王之政，自然悠裕而不迫，绵远而无穷矣。惟其悠远，则积累之至，自然充塞乎宇宙，浃洽于人心，广博而深厚矣。惟其博厚，则发见之极，自然巍乎有成功，焕乎有文章，高大而光明矣。”盖德之存诸中者，既极其纯，故业之验于外者，自极其盛，此至诚之妙，所以能赞化育而参天地者也。

【原文】

博厚，所以载物也。高明，所以覆物也。悠久，所以成物也。

张居正直解 这一节是说圣人与天地同用。子思说：“至诚之功用，所积者既广博而深厚，则天下之物，无不在其包括承受之中，而咸被其泽，是固所以载物也。所发者既高大而光明，则天下之物，无不在其丕冒照临之下，而咸仰其光，是固所以覆物也。其博厚高明者，又皆悠长而久远，则天下之物，常为其所覆载，而得以各遂其生，各复其性，是固所以成物也。”

【原文】

博厚配地。高明配天。悠久无疆。

张居正直解 这一节是说圣人与天地同体。配，是配合。疆，是疆界。子思说："承载万物者莫如地，今至诚之博厚，也能载物，则其博厚，就与地道之博厚者，配合而无间矣。覆冒万物者莫如天，今至诚之高明，也能覆物，则其高明，就与天道之高明者，配合而无间矣。天地之博厚高明，亘古亘今，无有穷尽，故能成物。今至诚之悠久，也能成物，则其悠久之功，就与天地之无疆界者，通一而无二矣。"

【原文】

如此者，不见而章，不动而变，无为而成。

张居正直解 如此，指上文说。见字解做示字。章，是显。子思说："圣人能覆载成物，而配天地之无疆，其功业之盛如此，然岂待于强为哉？亦自然而然者耳。观其博厚的功业，固灿然而成章，然亦积久蓄极，自然显著的，不待表暴以示人而后章也，此其所以能配地也。其高明的功业，固能使人翕然而丕变，然亦存神过化，自然感应的，不待鼓舞动作而后变也，此其所以能配天也。其博厚高明之悠久，固能使治功有成，万世无敝，然亦不识不知，自然成就的，不待安排布置，有所作为而后成也，此所以能配天地之无疆也。"

【原文】

天地之道，可一言而尽也：其为物不贰，则其生物不测。

张居正直解 上面既说圣人之功用，同乎天地，此以下文，又即天地之道以明之。贰，是参杂。子思说：

“天地之道虽大，要之可以一言包括得尽，只是个诚而已。盖天地之间，气化流行，全是实理以为之运用，更无一毫参杂，惟其不贰，所以能长久不息，而化生万物，形形色色，充满于覆载之间，有莫知其所以然者，岂可得而测度之哉。”观此，则圣人之至诚不息，久而必征可知矣。

【原文】

天地之道，博也、厚也、高也、明也、悠也、久也。

张居正直解 天地之道，惟其诚一不贰，故能各极其盛。地之道惟诚，是以不但极其广博，而又极其深厚也。天之道惟诚，是以不惟极其高大，而又极其光明也。且其博厚高明，又极其悠长，极其久远，而不可以终穷也。观此，则圣人之悠远、博厚、高明，皆本于诚又可知矣。

【原文】

今夫天，斯昭昭之多，及其无穷也，日月星辰系焉，万物覆焉。今夫地，一撮土之多，及其广厚，载华岳而不重，振河海而不泄，万物载焉。今夫山，一卷石之多，及其广大，草木生之，禽兽居之，宝藏兴焉。今夫水，一勺之多，及其不测，鼋、鼍、蛟、龙、鱼、鳖生焉，货财殖焉。

张居正直解 昭昭，是小小的明处。系，是系属。以手指取物叫做撮。一撮，言其至少。华岳，是西岳华山，山之最大者。振，是收。泄，是渗漏。一卷石，是一块小石。宝藏，是世间宝重藏蓄的，如金玉之类都是。一勺，是一升。

鼋，似鳖而大。鼍，似鱼有足。鲛，似龙无角，都是水中之物。殖，是滋长。子思说："天地之道，惟诚一不贰，故能各极其盛，而有生物不测之功用。何以见之？今夫天，指其一处而言，就是昭昭然罅隙透明的去处，也叫做天。若论其全体，则高大光明，无有穷尽，日月之运行，星辰之布列，都系属于其上，凡万有不齐之物，亦无不在其覆冒之下焉，天之生物不测如此。今夫地，指其一处而言，就是一撮之土，也叫做地，若论其全体，则广博深厚，无有限量，华岳之山虽大，也能承载之而不见其为重，河海之水虽广，也能收摄之而不见其漏泄，凡万有不齐之物，亦无不在其持载之中焉。地之生物不测如此。今夫山，指其一处而言，便是一卷石之多，也叫做山，若论其全体广阔高大的去处，则各样的草木都于此发生，诸般的禽兽，都于此居止，凡世间宝重蓄藏之物，可以为服饰器用的，都从此兴发出来，山之生物如此。今夫水，指其一处而言，便是一勺之多，也叫做水，若论其全体深广不测的去处，则鼋、鼍、蛟龙、鱼、鳖都生聚于其中，凡有用之物，可以生致货利的，都滋长于其中，水之生物如此。"夫天地之间，物之最大者莫如山川，观山川之生物如此，则天地之大可知矣。观天地之道如此，则圣人之功用可知矣。

【原文】

《诗》曰："惟天之命，于穆不已。"盖曰天之所以为天也。"于乎不显，文王之德之纯。"盖曰文王之所以为文也，纯亦不已。

张居正直解

《诗》，是《周颂·维天之命》篇。天命，即是天道。于，是赞叹之辞。穆，是幽深玄远的意思。不已，是无止息。不显，譬如说岂不显著也。文王，是周文王。纯，是不杂。子思于此章之末，又引《诗》以明至诚无息之意说道："诗人叹息说：'维天道之运行，幽深玄远而无有一时之止息。'这是说天之所以为天，正以其无止息也；不然则四时不行，百物不生，将何以为天乎？诗人又叹息说：'岂不显著哉，文王之德，纯一而不杂。'这是说文王之所以为文，正以其德之不杂也；不然，则积之不实，发之无本，将何以为文乎！"然在天说不已，在文王说纯，岂是文王与天有不同处？盖天道无有止息，固是不已，文王之德之纯，也没有止息，亦不已焉。文王与天一也，这纯即是至诚，这不已，即是不息。观此，则圣人之至诚无息可知矣。

【原文】

大哉圣人之道！

张居正直解 道，即是率性之道，惟圣人能全之，所以说圣人之道。子思赞叹说："大矣哉，其惟圣人之道乎！"言其广阔周遍，无所不包，无所不在，天下无有大于此者。如下文两节便是。

【原文】

洋洋乎，发育万物，峻极于天。

张居正直解 洋洋，是流动充满的意思。发育，是发生长育。峻，是高大。极，是至。子思说："何以见圣道之大？以其全体言之，则见其洋洋乎流动充满，无有限量，如万物虽多，都是这道理发生长育，大以成大，小以成小，无一物而非道也。天虽高大，这道理之高大，上至于天，日月所照，霜露所坠，无一处而非道也。”其极于至大而无外如此。

【原文】

优优大哉，礼仪三百，威仪三千。

张居正直解

优优，是充足有余的意思。礼仪，是经礼，如冠、婚、丧、祭之类。威仪，是曲礼，如升降揖逊之类。子思说：“圣人之道，以其散殊而言，则见其优优然充足有余，广大悉备，如人伦日用之间，有经常不易的礼仪，而礼仪之目，则有三百，品节限制，都是这个道理；有周旋进退的威仪，而威仪之目，则有三千，细微曲折，也都是这个道理。”其入于至小而无间如此。

【原文】

待其人而后行。故曰：“苟不至德，至道不凝焉。”

张居正直解

其人，指圣人说。至道，指上两节。凝，是聚会的意思。承上文说：“道之全体，既洋洋乎无所不包，道之散殊，又优优乎无所不在，其大如此，是岂可以易行者哉？必待那有至德的圣人，为能参赞化育、周旋中礼，这个道理方才行得。若不是这等的至德，则胸襟浅狭，既不足以会其全，识见粗疏，又不足以尽其细，要使这道理凝聚于身心，岂可得乎？”所以说苟不至德，至道不凝焉。然则欲凝至道，必先尽修德之功而后可。

【原文】

故君子尊德性而道问学，致广大而尽精微，极高明而道中庸，温故而知新，敦厚以崇礼。

张居正直解

这是说修德凝道的功夫。尊，是恭敬奉持的意思。德性，是人所受于天的正理。道，是由。致，是推及。广大高明，是说心之本体。精微，是理之精细微妙处。温，是温习。故，是旧所知的。敦，是敦笃。厚，是旧所能的。崇，是积累的意思。礼，是天理之节文。子思说："至道必待至德而后凝，是以君子为学，知这道理至大，凝道的功夫至难，胸次浅陋的，固做不得，识见粗略的，也做不得，必于所受于天的正理，恭敬奉持，保守之而不至于失坠，其尊德性如此。又于那古今的事变，审问博学务有以穷其理而无遗，而率由夫问学之功焉。这是修德凝道的纲领，然非可以一端尽也。心体本自广大，有以蔽之，则狭小矣，必扩充其广大，而不以一毫私意自蔽。然于事物之理，又必析其精微，不使有毫厘之差，而广大者不流于空疏也。心体本自高明，有以累之，则卑污矣。必穷极其高明，而不以一毫私欲自累，然于处事之际，又必依乎中庸不使有过之不及之谬，而高明者不入于虚远也。于旧日所已知者，则时加温习，不使其遗忘，然义理无穷，又必求有新得，而日知其所未知焉。于旧日所已能者，则益加敦笃，不使其放逸，然节文无限，又必崇尚礼度，而日谨其所未谨焉。"夫致广大、极高明、温故、敦厚，皆是尊德性的事。尽精微、道中庸、知新、崇礼，皆是道问学的事。君子能尽乎此，则德无不修，而道无不凝矣。

【原文】

是故居上不骄，为下不倍。国有道，其言足以兴；国无道，其默足以容。《诗》曰："既明且哲，以保其身。"其此之谓与？

张居正直解

骄，是矜肆。倍，是违悖。兴，是兴起在位。明，是明于理。哲，是察于事。子思承上文说："君子既修德以凝道，则圣人之道，全备于一身，自然无所处而不当矣。故使之居上位，便能兢兢业业，尽那为上的道理，必不肯恃其富贵，而至于骄矜。使之在下位，便能安分守己，尽那为下的道理，必不肯自干法纪，而至于违悖。国家有道之时，可以出而用世，他说的言语，便都是经济的事业，足以感动乎人，而兴起在位。国家无道之时，所当见机而作，他就隐然自守，不为危激的议论，足以远避灾祸而容其身。是为上、为下、处治、处乱，无所不宜如此。《大雅·烝民》之诗说：'周之贤臣仲山甫，既能明于理，又能察于事，故能保全其身无有灾害。'这就是说修德君子，随所处而无不宜的意思。所以说其此之谓与？"

【原文】

子曰："愚而好自用，贱而好自专；生乎今之世，反古之道；如此者，烖及其身者也。"

张居正直解

这是子思引孔子之言，以明为下不倍的意思。反，是复。烖字与灾字同，是灾祸。孔子说："昏愚无德的人，不可自用，他却强作聪明而执己见以妄作。卑贱无位的人，不可自专，他却不安本分而逞私智以僭为。生乎今之世，只当遵守当今的法度，他却要复行前代的古道。这等的人，越理犯分，王法之所不容，灾祸必及其身矣。”即夫子此言观之，然则为下者，焉可倍上也哉！

【原文】

非天子不议礼，不制度，不考文。

张居正直解 此以下都是子思的说话。礼，是亲疏贵贱相接的礼节。度，是宫室车服器用的等级。考，是考正。文，是文字的点画形象。子思推明孔子之意说：“自用自专，与生今反古之人，皆足以取祸者，何哉？盖制礼作乐，是国家极大的事体，必是圣天子在上，既有德位，又当其时，然后可以定一代之典章，齐万民之心志。如亲疏贵贱，须有相接的礼体，然惟天子得以议之，非天子不敢议也。宫室车服器用，须有一定的等级，然惟天子得以制之，非天子不敢制也。书写的文字，都有点画形象，然惟天子得以考之，非天子不敢考也。”盖政教出于朝廷，事权统于君上，非臣下所能干预者如此。

【原文】

今天下，车同轨，书同文，行同伦。

张居正直解 今，是子思自指周时说。轨，是车的辙迹。书，是写的字。行，是行出来的礼。伦，是次序。子思说：“仪礼、制度、考文，惟其出于天子，所以当今的天下，虽不是文武成康之时，然其法制典章，世世遵守，无敢有异同者。以车而言，造者固非一人，而其辙迹之广狭，都是一般，是天子所制之度，至今不敢更变也。以字而言，写者固非一人，而其点画形象，都是一般，是天子所考之文，至今不敢差错也。以礼而言，行者固非一人，而其亲疏贵贱的次序，都是一般，是天子所议之礼，至今不敢逾越也。”当今一统之盛如此，则愚贱之人，与生今之世者，岂可得而违倍哉？

【原文】

虽有其位，苟无其德，不敢作礼乐焉。虽有其德，苟无其位，亦不敢作礼乐焉。

张居正直解

子思又说：“欲制礼作乐以治天下者，必是圣人在天子之位，而后可。虽有天子之位，苟无圣人之德，则人品凡庸，而无制作之本，如何敢轻易便为制礼作乐之事？虽有圣人之德，苟无天子之位，则名分卑下，而无制作之权，也不敢擅便为制礼作乐之事。”盖无德而欲作礼乐，便是愚而自用，无位而欲作礼乐，便是贱而自专，故必有圣人之德，而又在天子之位，然后可以任制作之事，而垂法于天下也。然则为下者，又安敢以或倍哉！

【原文】

子曰：“吾说夏礼，杞不足徵也。吾学殷礼，有宋存焉。吾学周礼，今用之，吾从周。”

张居正直解

礼，即上文仪礼、制度、考文之事。杞、宋，是二国名。杞，是夏之后代。宋，是殷之后代。征，是证。子思又引孔子之言说：“有一代之兴，必有一代之礼。比先夏禹之有天下，所制之礼，我尝向慕而诵说之，但他后代子孙衰微，今见存者止有个杞国，典籍散失，旧臣凋谢，不足以取证吾言矣。既无可证，则我虽知之，岂可得而从之乎？殷汤之有天下，所制之礼我亦尝考求而学习之，虽则殷之子孙，尚有宋国，他文献也有存的，不至尽泯，然皆前代之事，而非当世之法，则我虽习之，亦岂可得而从之乎？惟有我学习周之礼，是文武之所讲画，至精至备，凡方策之所存，与贤人之所记，吾皆学之，这正是当今之所用，天下臣民都奉行遵守，不敢违越，既可考证，又合时宜，与夏殷的不同。然则吾之所从，亦惟在此周礼而已。”夫以孔子之圣，生于周时，且不敢舍周而从夏殷之礼，然则生今反古者，是岂为下不倍之义哉？

【原文】

王天下有三重焉，其寡过矣乎！

张居正直解

王天下，是兴王而君主天下者。三重指议礼、制度、考文说，以其为至重之事，故曰三重。子思说：“王天下的君子，有议礼、制度、考文三件重大的事，行于天下，则有以新天下之耳目，一天下之心志，由是诸侯奉其法，而国不异政，百姓从其化，而家不殊俗，天下之人，其皆得以寡其过失矣乎。”

【原文】

上焉者虽善无征，无征不信，不信，民弗从。下焉者虽善不尊，不尊不信。不信民弗从。

张居正直解

征，是考证。尊，是尊位。子思又说：“所谓王天下者，乃身有其德，居其位，而又当其时者也。如时王以前，远在上世的，其礼虽善，然世远人亡，于今已无可考证，既无可考，则不足以取信于人，不足取信于人，则人不从之矣。又如圣人穷而在下的，虽善于礼，然身屈道穷，而不在尊位，位不尊，则不足以取信于人，不足取信于人，则人不从之矣。”故三重之道，惟当世之圣人，而又在天子之位，然后乃可行也。

【原文】

故君子之道，本诸身，征诸庶民，考诸三王而不缪，建诸天地而不悖，质诸鬼神而无疑，百世以俟圣人而不惑。

张居正直解

君子，指王天下者而言。道，即议礼、制度、考文之事。征，是验。三王，是夏禹、商汤、周文武。缪，是差缪。建，是建立。悖，是违背。质，是质证。俟，是等待。承上文说：“制礼作乐，必有德、有位、有时，乃为尽善。所以王天下的君子，行那议礼、制度、考文之事，非可苟然而已。必本之于身，凡所制作，一一都躬行实践，从自己身上立个标准，固非有位而无德者也。由是以之征验于庶民，则人人都奉行遵守，不敢违越，又非不信而不从者也。以今日所行的考验于三代之圣王，则因革损益，都合着三王已然的成法，无有差缪。以我所建立的，与天地相参，则裁成辅相，都依着天地自然的道理，无有违背。鬼神虽至幽而难知，然我的制作已到那微妙的去处，就是质证于鬼神，他那屈伸变化，也不过是这道理，何疑之有？百世以后的圣人，虽至远而难料，然我的制作，已至极而无以加，就等待后世的圣人出来，他那作为运用，也不过是这道理，何惑之有？”夫君子之道，出之既有其本，而验之又无不合，此所以尽善尽美，而能使民得寡其过也。

【原文】

质鬼神而无疑，知天也。百世以俟圣人而不惑，知人也。

张居正直解 承上文说：“鬼神幽而难明，君子之制作所以能质之而无疑者，由其知天之理也。盖天之理，尽于鬼神，君子穷神知化，于天道所以然之理，既明通之而不蔽，故其见于制作者，皆有以合乎屈伸动静之机，鬼神虽幽，自可质之而无疑也。言鬼神，则天地可知矣。后圣远而难料，君子之制作，所以能俟之而不惑者，由其知人之理也。盖人之理，尽于圣人，君子明物察伦，于人心所同然之理，既洞彻之无疑，故其见于制作者，自有以符乎旷世相感之神，后圣虽远，自可俟之而不惑也，言后圣则三王可知矣。”此可见心思必通乎性命，才可以兴礼乐，学术必贯乎天人，才可以言经济，君子所以能此，亦自尊德性道问学中来也。有三重之责者，可不以务学为急哉？

【原文】

是故，君子动而世为天下道，行而世为天下法，言而世为天下则。远之则有望，近之则不厌。

张居正直解 动，是动作，兼下面行与言说。道，是由，兼下面法与则说。法，是法度。则，是准则。望，是仰慕。厌，是厌恶。子思说：“君子议礼、制度、考文，既通乎天人之理，而兼有六事之善，则可以立天下万世之极矣。

所以凡有动作，不但一世之人由之，而世世为天下之所共由。如动而见诸行事，则凡政教之施，都是经常不易的典章，世世的人，皆守之以为法度，而不敢纷更。动而见于言语，则凡号令之布，都是明征定保的圣谟，世世的人皆取之以为准则，而不敢违悖。在远方的百姓，悦其德之广被，则人人向风慕义，都有仰望之心，在近处的百姓，习其行之有常，则人人欢欣鼓舞，无有厌恶之意，是君子之道，垂之万世而无弊，推之四海而皆准者如此。民之寡过不亦宜乎！

【原文】

《诗》曰："在彼无恶，在此无射；庶几夙夜，以永终誉。"君子未有不如此，而蚤有誉于天下者也。

张居正直解

《诗》，是《周颂·振鹭》之篇。恶，是憎恶。射，是厌射。夙，是早。永终，是长久的意思。誉，是名誉。蚤，是先。子思引《诗》说："人能在彼处也无人憎恶他，在此处也无人厌射他，彼此皆善，无往不宜，则庶几早夜之间，得以永终其美誉矣。观《诗》所言，可见致誉之有本也。是以三重君子，必备六事之善，而后可以得令名于天下，固未有道德不本于身，信从未协于民，三王后圣不能合，天地鬼神不能通，而能垂法则，服远近，先有声名于天下者也。"然则为人上者，岂可不自尽其道也哉！

【原文】

仲尼祖述尧舜，宪章文武。上律天时，下袭水土。

张居正直解

仲尼，是孔子的字。祖述，是远宗其道。宪章，是近守其法。律，是法。袭字，解做因字。子思说：“古之帝天下者，其道莫盛于尧舜，仲尼则远而祖述其道，如博约之训，一贯之旨，都是从精一执中敷衍出来的，以接续其道统之传，这是祖述尧舜。古之王天下者，其法莫备于文武，仲尼则近而谨守其法，如礼乐则从先进梦寐欲为东周，遵守着祖宗的成宪，不敢自用自专，这是宪章文武。至若春夏秋冬，运行而不滞者，天之时也。仲尼仰观于天，便法其自然之运，如曰仕、曰止、曰久、曰速，都随时变易，各当其可，这是上律天时。东西南北，殊风而异俗者，地之理也。仲尼俯察于地，便因其一定之理，如居鲁、居宋、之齐、之楚，都随寓而安，无所不宜，这是下袭水土。”

【原文】

辟如天地之无不持载，无不覆帱。辟如四时之错行，如日月之代明。

张居正直解

辟，是比喻。持载，是承载。覆帱，是覆冒。错行，是错综而行。代，是代替。子思说：“仲尼之祖述宪章，上律下袭，有以会帝王天地之全，则其于天下之理，巨细精粗，察之由之，无毫发之不尽，而自始至终，无顷刻之间断矣。自其大无不包者言之，譬如那地之广博深厚，无不持载，天之高大光明，无不覆帱的一般。自其运而不息者言之，就譬如那四时之错行，一往一来，迭运而不已，日月之代明，一升一沉，更代而常明的一般。”圣人之道德，直与天地参，而日月四时同如此。

【原文】

万物并育而不相害。道并行而不相悖。小德川流；大德敦化，此天地之所以为大也。

张居正直解

育，是生育。害，是侵害。道，指日月四时而言，一阴一阳之谓道，四时日月之推迁流行，不过阴阳而已，所以叫做道。悖，是相反。小德，是天地造化之分散处。川流，是说如川水之流行。大德，是天地造化之总会处。敦，是厚。化，是化育。子思说："天覆地载，万物并生于其间，却似有相害者。然大以成大，小以成小，各得其所，而不相侵害焉。四时日月并行于天地之内，却似有相悖者，然一寒一暑，一昼一夜，各循其度，而不相违悖焉。夫同者难乎其异，而乃不害不悖者为何？盖天地有分散的小德，无物不有，无时不然，就如川水之流，千支万派，脉络分明，而不见其止息，此其所以不害不悖也。异者难乎其同，而乃并育并行者为何？盖天地有总会的大德，为万物之根底，为万化之本原，但见其敦厚盛大，自然生化出来，无有穷尽，此其所以并育并行也。有小德以为用，有大德以为体，天地之所以为大者，正在于此。"今仲尼祖述宪章，上律下袭，其泛应曲当，即是小德之川流，其一理浑然，即是大德之敦化，则圣道之所以为大，又何以异于天地哉！

【原文】

唯天下至圣，为能聪明睿知，足以有临也；宽裕温柔，足以有容也；发强刚毅，足以有执也；齐庄中正，足以有敬也；文理密察，足以有别也。

张居正直解 临，是居上临下。子思说："居上位而临下民，不是凡庸之人可以做得的，独有天下的至圣，他是天之笃生，时之间出，为能聪无不闻，明无不见，睿无不通，智无不知，高过于一世之人，足以尊居上位，而临御天下也，其生知之质如此。以其德言之，为能宽广而不狭隘，优裕而不急迫，温和而不惨刻，柔顺而不乖戾，足以容蓄天下，而包含遍覆之无外，其仁之德如此。又能奋发而不废弛，强健而不畏缩，刚断而不屈挠，果毅而不间断，足以操守执持，而不为外物之所夺，其义之德如此。又能斋焉而极其纯一，庄焉而极其端严，中焉而无少偏倚，正焉而无少邪僻，而凡处己行事，皆足以有敬而无一毫之慢，其礼之德如此。又能文焉而章美内蕴，理焉而脉络中存，密焉而极其详细，察焉而极其明辨，于凡是非邪正，皆足以分别而无一毫之差，其智之德又如此。"既独禀聪明睿知之资，而又兼备仁义礼智之德，所以为天下之至圣也。

【原文】

溥博渊泉，而时出之。

张居正直解 溥博，是周遍而广阔。渊泉，是静深而有本。出，是发见于外。子思说："天下至圣，既有聪明睿知之资，又兼仁义礼智之德，其充积之盛，则周遍广阔，备万物之理而不可限量，何溥博也。静深有本，涵万化之原而不可测度，何渊泉也。及其事至物来，有所感触的时节，则聪明睿知，仁义礼智之德，自然发见于外，随时应接而用之不穷焉。"

盖体无不具，故用无不周如此。

【原文】

、 溥博如天；渊泉如渊。见而民莫不敬；言而民莫不信；行而民莫不说。

张居正直解 渊，是水深处。子思又形容圣人之德说：“凡物之溥博者，莫过于天，今圣德之溥博，不可限量，就如天之溥博一般，盖非寻常之所谓溥博而已。物之渊泉者，莫过于渊，今圣德之渊泉，不可测度，就如渊之渊泉一般，盖非寻常之所谓渊泉而已。由是时而著，见于容貌，则百姓便都钦敬之，而无有亵慢者。时而发之于言语，则百姓便都尊信之，而无有违疑者。时而措之于行事，则百姓便都喜悦之，而无有怨恶者。”夫如天如渊，可见其充积之盛矣，民莫不敬信且说，可见其时出之妙矣。非至圣而能若是乎！

【原文】

是以声名洋溢乎中国，施及蛮貊。舟车所至，人力所通，天之所覆，地之所载，日月所照，霜露所队：凡有血气者莫不尊亲。故曰配天。

张居正直解 声名，是圣德的名声。洋溢，是充满。施，是传播。队，是落。凡有血气者，指人类说。配，是配合。子思说：“圣人之德，充积既极其盛，发见又当其可，是以休声美名，充满乎中华之国，而传播遍及乎蛮貊之邦，华夷之人，皆敬信而悦之焉。极而言之，凡水陆舟车之所可到，人力之所可通，天之所覆盖，地之所持载，日月之所照临，霜露之所坠落的去处，凡有血气而为人类者，一皆尊之为元后，而无有不敬者，亲之如父母，而无有不爱者，即此可见圣德之广大，就与天一般。”盖天之所以为大者，以其无所不覆也，今圣人之德，既光四表而格上下，则与天配合而无间矣。所以说配天。

【原文】

唯天下至诚，为能经纶天下之大经，立天下之大本，知天地之化育。夫焉有所倚？

张居正直解 经纶，都是治丝的事。经，是理其绪而分之。纶，是比其类而合之。大经，是五品之人伦。大本，是所性之全体。化育，是天地所以化生万物的道理。倚，是倚靠。子思说：“实理之在天下，散于人伦，原于性命，非可容易尽者，独有天下至诚的圣人，德极其实，而无一毫之私伪，故于君臣、父子、夫妇、兄弟、朋友之伦，为能各尽其道，分别其理而不乱，联合其性而不离，足以为天下后世之法，就如治丝的一般，既理其绪而分之，又比其类而合之，所以说经纶天下之大经，于所性中仁义理智之德，浑然全体，无少亏欠，而凡所以应事接物千变万化而不穷者，其理莫不包括于其中，就如树木一般，根本牢固而不动，枝叶发生而不穷，所以说立天下之大本。至于天地之所以化生长育，只是元亨利贞这四件实理，至诚之仁义礼智，既与之契合而无间，故能融会贯通，知之洞达而无疑，盖不但闻见之知而已。”夫经纶大经，立大本，知化育，这都是至诚自然之能事，不思而自得，不勉而自中者也，何尝倚着于物而后能哉？所以说夫焉有所倚。

【原文】

肫肫其仁！渊渊其渊！浩浩其天！

张居正直解 肫肫，是恳至。渊渊，是静深。浩浩，是广大。上文说至诚之德，至此又极赞其盛说道："至诚，圣人之经纶，立本、知化，既皆出于自然，则其德之盛，非可寻常论者也。自其经纶言之，则于人伦日用之间，一皆恩意之浃洽，慈爱之周流，何其肫肫然而恳至也。自其立本言之，则性真澄彻，而万理空涵，就与那渊泉之不竭一般，何其渊渊然而静深也。自其知化言之，则阴阳并运，而上下同流，就与那天之无穷一般，又何其浩浩然而广大也。"至诚之德，其至矣乎！

【原文】

苟不固聪明圣知，达天德者，其孰能知之？

张居正直解 固字，解做实字。天德，指仁义礼智说。子思总结上文说："至诚之功用，其盛如此，则其妙未易知也。若不是实有聪明圣知之资，通达仁义礼智之天德的圣人，则见犹滞于凡近，而知不免于推测，其欲所谓经纶立本而知化者，何足以知之哉？"此可见惟圣人然后能知圣人也。

【原文】

《诗》曰："衣锦尚絅。"恶其文之著也。故君子之道，暗然而日章；小人之道，的然而日亡。君子之道，淡而不厌，简而文，温而理。知远之近，知风之自，知微之显。可与入德矣。

张居正直解

锦，是五彩织成的衣服。尚，是加。絅，是禅衣。暗然，是韬晦不露的意思。的然，是用意表见的意思。风，是动。凡人行事之得失，都足以感动乎人，所以叫做风。自字，解做由字。子思前章既说圣人德极其盛，又恐人务于高远，而无近里着己之功，故此章复自下学立心之始而推之，以至其极说道："《国风》之诗有言，人穿了锦绣的衣服，外面却又加一件朴素的禅衣盖着，这是为何？盖以锦绣之衣，文采太露，故加以禅衣，乃是恶其文采之太著也，学者之立心，也要如此。所以君子之为学，专务为己，不求人知，外面虽暗然韬晦，然实德在中，自不能藏，而日见其彰显。小人之为学，专事文饰，外面虽的然表见，然虚伪无实，久则不继，而日见其消亡矣。然所谓暗然而日彰者如何？盖君子之道，外虽淡素，其中自有旨趣，味之而不厌，外若简略，其中自有文采，灿然而可观，外虽温厚浑沦，其中自有条理，井然而不乱。夫淡、简、温，就如絅之袭于外的一般。不厌而文且理，就如锦之美在其中的一般，这是君子为己之心如此。然用功时节，又有当谨的去处，若使知之不明，则何所据以为用力之地乎？又要随时精察，知道远处传播的，必从近处发端，在彼之是非，由于在此之得失也。知道自己的行事能感人动物的，都有个缘由，吾身之得失，本于吾心之邪正也。又知道隐微的去处，必然到显著的去处，念虑既发于中，形迹必露于外也。这三件都是当谨之几，既知乎此，然后可以着实用功，循序渐进，而入于圣人之德矣。"然则下学而上达者，可不以立心为要哉！

【原文】

《诗》云："潜虽伏矣，亦孔之昭。"故君子内省不疚，无恶于志。君子之所不可及者，其唯人之所不见乎。

张居正直解 《诗》，是《小雅·正月》之篇。潜，是幽暗的去处。伏，是隐伏。孔字解做甚字。疚，是病。无恶于志是说无愧于心。子思引《诗》说："幽暗的去处虽是隐伏难见，然其善恶之几，甚是昭然明白。《诗》之所言如此，可见独之不可不谨也。是故君子于己所独知之地，内自省察使念虑之动，皆合乎理，而无一些疚病，方能无愧怍于心也。夫人皆能致饰于显著，而君子独严于隐微，即是而观，则君子之所不可及者，其在人所不见之地乎！"若夫人之所见，则人皆能谨之，不独君子为然矣，这是说君子谨独之事，为己之功也。

【原文】

《诗》云："相在尔室，尚不愧于屋漏。"故君子不动而敬，不言而信。

张居正直解 《诗》，是《大雅·抑》之篇。相，是看视。屋漏，是室西北隅深密的去处。子思引《诗》说："看尔在居室之中，虽屋漏深密的去处，莫说是未与物接，便可怠忽了，尚当常存敬畏，使心里无一些愧怍才好。诗人之言如此，可见静之不可不慎也。所以君子之心，不待有所动作，方才敬慎。便是不动的时节，已自敬慎了，不待言语既发，方才诚信，便是不言的时节，已自诚信了。"这是戒慎不睹，恐惧不闻的功夫，君子为己之功，至是而益加密矣。

【原文】

《诗》曰：“奏假无言，时靡有争。”是故君子不赏而民劝，不怒而民威于鈇钺。

张居正直解 《诗》是《商颂·烈祖》之篇。奏是进，假字与格字同，是感格。靡字，解做无字。鈇，是莝斫刀。钺，是斧。子思又引《诗》说：“主祭者进而感格于神明之际，极其诚敬，不待有所言说告戒，而凡在庙之人，亦皆化之，自无有争竞失礼者，此可见有是德，则有是化矣。是故君子既能动而省察，又能静而存养，则诚敬之德，足以感人，而人之被其德者，不待爵赏之及，而兴起感发，乐于为善，自切夫劝勉之意，不待嗔怒之加，而自然畏惧，不敢为恶，有甚于鈇钺之威。”盖德成而民化，其效如此。是以君子惟密为己之功，以造于成德之地也。

【原文】

《诗》曰：“不显惟德，百辟其刑之。”是故君子笃恭而天下平。

张居正直解 《诗》，是《周颂·烈文》之篇。不显，是幽深玄远，无迹可见的意思。百辟，是天下的诸侯。刑，是法。笃，是厚。恭，是敬。子思说：“君子不赏不怒而民劝民威，其德虽足以化民，然犹未造其极也。《周颂·烈文》之诗说：天子有幽深玄远之德，无有形迹之可见，而天下的诸侯，人人向慕而法则之，则不特民劝民威而已。所以有德的君子，由戒惧谨独之功，到那收敛退藏之密，其心浑然天理，念念是敬，时时是敬，但见其笃厚深潜，不可窥测，而天下的人，自然感慕其德，服从其化，不识不知，而翕然平治焉。”这笃恭正是不显之德，天下平，即是百辟刑之，此中和化育之能事，圣神功化之极致也。

【原文】

《诗》曰：“予怀明德，不大声以色。”子曰：“声色之于以化民，末也。”《诗》曰：“德輶如毛。”毛犹有伦。“上天之载，无声无臭。”至矣。

张居正直解

这一节是子思三引诗，以形容不显笃恭之妙。予，是诗人托为上帝的言语。怀，是念。輶字解做轻字。伦，是比方。载，是事。子思说：“君子不显笃恭，而天下自平，则其德之微妙，岂易言哉?《大雅·皇矣》之诗说，上帝自言我眷念文王之明德，深微邃密，不大著于声音颜色之间，这诗似可以形容不显之德矣。然孔子曾说：为政有本，若将声音颜色去化民，也不过是末务。今但言不大而已，则犹有声色者存，岂足以形容之乎?《大雅·烝民》之诗说：德之微妙，其轻如毛，这诗似可以形容不显之德矣。然毛虽细微，也还有一物比方得他，亦岂足以形容之乎?惟文王之诗说，上天之事，无有声音之可听，无有气臭之可闻，夫声臭有气无形，比之色与毛，已是微妙了，而又皆谓之无，则天下之至微至妙，不见其迹，莫知其然者，无过于此。以此形容君子不显之德，才可谓至尽矣，不可以有加矣。”子思既极其形容，而又赞叹其妙，以见君子之学，必如是而后为至也。其示人之意，何其切哉！大抵《中庸》

一书，首言天命之性，是说道之大原，皆出于天。终言上天之载，是说君子之学，当达诸天，然必由戒慎恐惧之功，而后可以驯致于中和化育之极，尽为己慎独之事，而后可以渐进于不显笃恭之妙。可见尽人以合天，下学而上达，其要只是一敬而已。先儒说敬者圣学始终之要，读者不可不深察而体验也。